中国古代北方民族交往交流交融

长城内外

——明清时代的文化交流

阚凯 著

内蒙古人民出版社

图书在版编目（CIP）数据

长城内外 : 明清时代的文化交流 / 阚凯著 . -- 呼和浩特 : 内蒙古人民出版社 , 2025.1

（中国古代北方民族交往交流交融丛书）

ISBN 978-7-204-17105-7

Ⅰ . ①长… Ⅱ . ①阚… Ⅲ . ①古代民族—文化交流—研究—华北地区—明清时代 Ⅳ . ① K289

中国版本图书馆 CIP 数据核字 (2022) 第 008605 号

长城内外——明清时代的文化交流

作　　者	阚　凯
策划编辑	王　静
责任编辑	海　日
封面设计	刘那日苏
出版发行	内蒙古人民出版社
地　　址	呼和浩特市新城区中山东路 8 号波士名人国际 B 座 5 楼
网　　址	http : //www.impph.cn
印　　刷	内蒙古恩科赛美好印刷有限公司
开　　本	710mm × 1000mm　1/16
印　　张	8.25
字　　数	100 千
版　　次	2025 年 1 月第 1 版
印　　次	2025 年 1 月第 1 次印刷
书　　号	ISBN 978-7-204-17105-7
定　　价	52.00 元

如发现印装质量问题，请与我社联系。

联系电话：（0471）3946120

编委会

总　序

　　各民族交往交流交融是中华民族团结统一的重要基础。在漫长的历史发展过程中，各民族血脉交融，逐步形成牢不可破的中华民族共同体，彰显出中华民族共融共通的价值取向。习近平总书记强调："我们伟大的祖国，幅员辽阔，文明悠久。一部中国史，就是一部各民族交融汇聚成多元一体中华民族的历史，就是各民族共同缔造、发展、巩固统一的伟大祖国的历史。"对中国古代各民族交流互融的探讨，有助于深入阐释习近平总书记重要讲话精神，深化对铸牢中华民族共同体意识学理内涵、现实意义的理解。中国古代北方民族交往交流交融系列丛书就是践行深入理解铸牢中华民族共同体意识的读物。

　　中国古代北方民族交往交流交融系列丛书主要面向广大普通读者，共有五个专题，分别为《多元一体——先秦时代的文化交流》《胡汉交融——汉魏时代的文化交流》《参天可汗——隋唐时代的文化交流》《华夷同风——辽金时代的文化交流》《长城内外——明清时代的文化交流》，均以中国古代北方民族交往交流交融的历史为主线，以中华文明发展历程、中华民族多元一体格局形成为核心，以典型的文物、文化遗址或代表性人物、事件等为主题，以点带面，详细记述了中国古代北方民族在发展历程中与中原交流互动的历史，力求生动呈现中国古代北方民族交往交流交融的史实，展现中华文明延续不断的历史基因、中华民族凝聚不散的历史密码和中华民族大团结的深邃思想与丰富实践。

编写该丛书，旨在帮助读者了解中国古代北方民族交往交流交融的历史发展脉络，认识中国古代北方民族的历史是中华民族发展史的重要组成部分，在构建中华民族多元一体格局中发挥了重要作用。

前　言

　　明代以后，蒙古政权退出中原，明蒙之间在经历了一段时间的和战之后，以隆庆五年俺答封贡为重要标志，双方开始了以通贡、马市贸易为主要形式的和平交往。同时，东北地区的女真部族在这一时期开始兴起，在中国北方地区形成了三方势力并存的局面。明朝、蒙古、女真三方在经济上相互交流交往的同时，在文化上也相互借鉴，在语言文字、风俗习惯、文学艺术等方面取长补短、互通有无。至清代，满蒙民族间以婚姻关系为纽带，联系更加紧密。同时，清政府还修筑多条驿道加强了中央与北部边疆的政治经济文化联系。

　　东北地区做为满族的发源地，自明朝在辽东地区实行军屯起，开始得到了大面积的开发。及至清朝初年，政府开始向辽东地区移民，后虽实行封禁政策，但移民与流人仍不断涌入，辽河流域的汉族、满族、蒙古族共同生活、相互影响，形成了独具特色的地域文化。

　　纵观整个明清时期，活跃在中国北方地区的汉族、蒙古族、满族，无论是以争夺王朝正统性为目的的军事斗争，还是以自身发展为目的的经济交往，都在客观上促进了相互之间的交流与交融。马克思在《德意志意识形态》中认为："一个民族本身的整

个内部结构都取决于它的生产以及内部和外部的交往的发展程度。"更为重要的是，在共同的地域环境下，长久生活在该区域各民族人民在语言、文字、文化、经济生活方式等会出现多方面的重叠，而且在某些方面会渐趋一致，最终出现共同的心理素质和民族认同。汉满蒙民族间寻求和谐共存，成为了良好民族关系的心理基石，构建了中华民族多元一体的基本格局，充分体现了中华民族大家庭的根本利益。

CONTENTS

明清以来，中原王朝与周边民族的关系逐渐走向稳定，交流交往更趋活跃，你中有我、我中有你的态势更加明显，中华民族大家庭的历史进程渐趋完成。

上编　天涯碧草话斜阳
——明代时期的蒙古

明洪武元年（1368 年），明朝军队北上攻克大都，元惠宗妥懽帖睦尔逃至应昌，不久病故。其子爱猷识理答腊即位，史称"北元"。此后的二十余年间，明蒙双方发生多次战争，北元势力逐渐削弱，特别是在洪武二十一年（1388 年）的捕鱼儿海之战，明朝大将蓝玉成功击败了北元第三任大汗脱古思帖木儿，其次子地保奴及皇室成员等一百二十余人被俘，军队主力遭到了毁灭性的打击。至此，北元势力对中原地区再无力组织大规模的军事行动，而蒙古族与汉族的关系也开始进入了一个新的阶段。

一、明蒙和战

北元政权退居蒙古草原之后，在明朝军事力量的不断打击之下，蒙古内部陷入纷争。

脱古思帖木儿西逃至土拉河一带，遭到阿里不哥系的后裔瓦刺贵族首领也速迭儿的袭击，脱古思帖木儿被缢杀，也速迭儿夺取汗位，至此，原游牧于叶尼塞河流域的瓦剌部开始强大起来，成为蒙古高原西部一支重要力量。但也速迭儿的正统地位遭到部分贵族的质疑，东部蒙古的辽王阿札失里等人相继降明，明朝在东北蒙古地区设朵颜、泰宁、福余三卫，也称"兀良哈三卫"。蒙古其他各部也处在动乱之中，汗位更替频繁。明成祖朱棣以此为契机，对蒙古诸部采取了分化瓦解的策略，并数次亲征，所以在这一阶段，蒙古诸部陷入分裂割据的状态。

1. 明朝前期安置归附的蒙古各部

明军占领大都后，元朝在内地仍保存了大量军队，主要有山西的扩廓帖木儿，驻守关中的李思齐、张良弼、脱列伯，辽阳行省的左丞相也先不花，云南的梁王把匝剌瓦尔密等。为解决北伐的后顾之忧，自1368年8月起，明军先后发动太原之战、庆阳之战、沈儿峪之战等多场战役，先后击败扩廓帖木儿、李思齐、张良弼、脱列伯等地方势力。在中原局势稳定之后，朱元璋开始着手解决边疆地区的问题。

攻取云南：洪武十四年（1381年），明将傅友德、沐英率军进攻云南。经过两年的征战，梁王把匝剌瓦尔密自缢，至洪武十六年（1383年），明王朝在此设立了云南都指挥使司等机构，云南全境统一，正式划归明朝版图。

设"兀良哈三卫"：朵颜卫在今归流河上游朵颜山一带，泰宁卫在今洮儿河流域，福余卫在嫩江和乌裕尔河流域，洪武二十一年（1388年）兀良哈三卫归附明朝后，以辽王阿札失里为泰宁卫指挥使，宁王塔宾帖木儿为指挥同知，海撒男答溪为福余卫指挥同知，脱鲁忽察儿为朵颜卫指挥同知，成为明朝在东北部的重要屏障。不久，受也速迭儿的威胁，三卫叛去。洪武二十四年（1391年），朱元璋又派遣傅友德、郭英率军讨伐。明成祖即位后，又三次亲征"兀良哈三卫"，至洪熙元年（1425年），三卫首领阿者秃归降明朝，明仁宗授其千户。此后，"兀良哈三卫"虽然偶有叛乱，但基本上能与明朝保持稳定的关系。

设哈密卫：元朝时期，哈密地区为察合台后裔领有。洪武十三年（1380年），明太祖派兵出征哈密，哈密王兀纳失里遣使纳贡。后由于其多次阻挠中亚地区商人往来明朝，洪武二十四年（1391年），明太祖再次遣兵出征，兀纳失里败逃。永乐二年（1404年），明政府封兀纳失里之弟安克帖木儿为忠顺王，并在这一地区设立赤斤蒙古卫、罕东卫、罕东左卫，以及安定、曲先、阿端等卫，管理在此生活的蒙古人、撒里畏兀儿人和藏族人。忠顺王的封赐及诸卫所的设立表明在一定程度上哈密地区已经纳入明朝版图。

收复辽东：元惠帝逃至应昌后，封占据辽东地区的纳哈出为辽阳行省左丞相，纳哈出是蒙古开国元勋木华黎后裔，世居辽东，拥兵二十余万，势力强大。洪武年间曾多次对明朝出兵，对明朝东北形成了极大威胁。朱元璋对纳哈出的策略主要以招降和绥抚为主，多次遣使招抚，但纳哈出自恃实力强大，并未归附明朝。随着北元政权的衰落和内地割据势力的平定，洪武二十年（1387年），朱元璋命冯胜和傅友德率大军远征辽东，纳哈出见大势已去，率众投降，至此，辽东遂平。

随着国内统治秩序的稳定，接下来明政府所要面对的问题就是如何安置归附的蒙古军民。一般来说，"安置的基本形式，包括战时的就地接收、边地安置、内迁安置、顺性择地安置，和原则上将蒙古王公大臣及其所属军士安置京师南京等多种类型。"[1]
这些安置方式随着时局的不同而不断发生变化。

明朝初年，双方战事不断，大量被俘的蒙古士兵及其家属以
及内附的蒙古人被就地及沿边安置。洪武三年（1370年）之后，
开始有大量原元朝军民降明。据有学者统计，洪武年间，"以各
种方式降服于明朝的蒙古、色目人等，约有六十余万，其中蒙古
人占多数"[2]。此后，来归附的蒙古人虽逐渐减少，但仍时有所见，
如永乐三年（1405年）七月，"鞑靼平章把都帖木儿、伦都儿灰
自塔滩率所部五千余人诣甘肃归附。"[3]这些蒙古人一般被安置在
南京、开封及北方沿边地区，如洪武二年（1369年）将甘肃西安
州所获的七千余人安置于开封。永乐七年（1409年），明政府在
辽东地区设置安乐、自在二州用以安置归附的蒙古及女真部众。

2.蒙古的重新统一及与明朝的军事冲突

宣德、正统年间，瓦剌部首领脱欢先后袭杀阿鲁台和阿岱
汗，自此蒙古高原重新统一，但因其不是黄金家族后裔，只得自
封为太师，奉元昭宗爱猷识理答腊后裔脱脱不花为大汗。正统四
年（1439年），脱欢病故，其子也先袭太师位。也先时期，瓦
剌蒙古的势力更加强大，向西进攻哈密卫，向东侵扰兀良哈三卫
及女真各部，对明朝造成了极大的威胁。

正统十四年（1449年），也先率军攻入明朝境内，明英宗
在宦官王振的鼓动下亲征，行至土木堡（今河北省怀来县境内）

1　刘景纯：《明朝前期安置蒙古等部归附人的时空变化》，《陕西师范大学
学报》2012年第2期。

2　宝日吉根：《试述明朝对所辖境内蒙古人的政策》，《内蒙古社会科学》
1984年第6期。

3　《明太宗实录》卷四，中华书局，2016年。

时遇也先部队，明军的指挥混乱，遂溃败，明英宗被俘。也先顺势进攻北京，明朝军队在兵部尚书于谦的领导下，迅速组织起有效的防御，同时立英宗之弟朱祁钰为帝，各地勤王的军队也陆续赶来。也先见无法攻破明军防御，于是率军撤退。但明朝经此一役，元气大伤，再也无力对蒙古进行大规模的进攻。成化十五年（1479年），满都鲁汗去世，1480年，达延汗继位。

达延汗继位后，统一东部蒙古。为求重开双方贸易，对明朝边境时有侵扰。嘉靖二十九年（1550年），达延汗率军大举进攻北京，史称"庚戌之变"，不久，开设大同马市，这为后来明蒙之间大规模的互市贸易奠定了基础。这一时期，双方的军事冲突与和平交往相互交织，但总体上明蒙间的关系是在朝着和平方向迈进的。

3. 隆庆和议

隆庆四年（1570年），蒙古土默特部首领俺答汗之孙把汉那吉因家庭纠纷愤而降明，宣大总督王崇古以此为契机，要求归还逃亡蒙古的赵全等人，在张居正、高拱等人的支持下，明政府封把汉那吉为指挥使。而俺答汗也在明朝使臣鲍崇德的劝说下，认为"吾孙降汉，此天遣合华夷之好也"，旋即将赵全等人押送大同并请求通市。在俺答汗的示好之下，双方议和也就在情理之中了。之后王崇古再次向朝廷上疏，提出具体处理封贡事宜的八项建议，如议封号官职、议定贡额、议贡期贡道、议立互市、议抚赏之费、议归降等，这些建议基本上得到了明穆宗的许可。隆庆五年（1571年），俺答汗被封为顺义王，明朝在宣府至甘肃一线向蒙古开放的马市有：宣府镇的张家口，山西镇的水泉营，大同镇的得胜口、新平口、守口堡，延绥镇的红山寺堡，宁夏镇的清水营、中卫、平虏卫，甘肃镇的洪水扁都口、高沟寨，共 11 处。双方还规定禁止各自士兵越境滋事。这次明蒙间的议和史称"隆庆和议"。"隆庆和议"达成后，马市贸易迅速开展起来，开市地区"广召商贩，听令贸易。布帛菽粟、皮革，远自江淮、湖广辐辏塞下因收其税以充犒赏"[1]，出现了一派繁荣的景象，明蒙关系发展到了一个新的阶段。

"隆庆和议"之后直至明朝灭亡前七十七年的时间里，明蒙之间基本上再无大的战事，双方在和平友好的环境下积极发展经济贸易。

纵观明一代的历史，明蒙之间的和战关系处在不断的发展变化之中。明朝前期，双方关系较为紧张，特别是明朝多次征伐漠北，而蒙古各部由于处于分裂状态，主要采取守势。至仁宣时期，北方地区战事基本告一段落，双方保持了相对和平的状态。明英宗时期，明蒙间发生了土木之变，导致双方关系出现恶化。孝宗后期直至明末，虽曾发生过"庚辰之变"，但大体上基本维持了明蒙之间和平交往的态势，特别是在"隆庆和议"之后，北方再无大战，结束双方敌对局面。可见，在十四世纪中叶至十七世纪中叶近三百年的时间里，明朝与蒙古和平交往的时间远远大于战争敌对的时间，和平仍是双方政治生活的主流。

二、经济互融

明朝与蒙古之间虽然在军事上的冲突一直存在着，但在经济上的交往十分密切。明朝建立之初，在对蒙古的贸易方面较为保

---

1 《明史》卷二，中华书局，1974 年。

守，兵部尚书马文升曾说，在明太祖统一全国后，周边部族想要进贡的物品如食茶、铁锅、铜器、罗缎等物都须得到明政府的许可方可交易。

随着明蒙关系的逐渐缓和，双方的经济交往日益密切。蒙古首领俺达汗也认为："节年入抢，为中国害虽大，在虏亦鲜利"。[1] 在双方都有进行和平往来的意愿下，以马市、茶市等贸易手段为代表的经济交流的开展也就水到渠成了。这使得明蒙间可以互通有无，大大加深了明朝与蒙古之间的相互联系。

1. 通贡贸易

明朝初年，由于连年战乱，蒙古草原经济一度凋敝，畜牧业遭到严重破坏，各部间长期处于分裂状态，难以形成广阔的市场和有效的管理。而明政府也需要通过采取怀柔的手段处理蒙古各部的关系，解决这一问题的重要手段就是通贡贸易。

随着明蒙之间的军事行动逐渐减少，双方在经济上的交流开始加强。明成祖永乐年间，明政府允许辽东蒙古人朝贡和互市。永乐六年（1408 年），在甘州、凉州等地开设马市，允许周边的蒙古部落前来交易。在明政府不断示好的情况下，瓦剌部首领马哈木遣使赴明朝贡马，在此之后，明朝与瓦剌的通贡关系渐趋稳定。不久，鞑靼太师阿鲁台也开始向明称臣朝贡，明朝与蒙古之间官方的经济关系开始确立。

明初的永乐、宣德年间，蒙古各部入明朝贡的使臣络绎不绝，贡物多为马、骆驼、海东青、貂皮等物，而明朝也给予回赠物品，这段时期双方贸易量较小，而且政治意味明显大于经济利益。

到了明英宗正统年间，特别是土木之变后，由于瓦剌统一了

1　《明世宗实录》卷 311，嘉靖二十五年五月戊辰，中华书局，2016 年。

蒙古各部，明蒙间的通贡贸易形势也发生了变化。主要表现在通贡贸易制度的完善与规模的扩大。

通贡贸易制度的完善：瓦剌贵族首领脱欢统一蒙古各部后，更加重视与明政府的通贡关系，每年的"礼尚往来"成为常态。特别是对于明朝来说，已经形成了一整套相关的制度，例如在《明会典》中就有明确规定的回赐制度，凡蒙古各部进献的物品不给予定价，而是按照相应价值给予回赐，如在景泰元年（1450年），瓦剌向明朝进贡马329匹，而明政府回赐给马每匹纻丝一匹、绢八匹、折纱绢一匹[1]，实际上，这一回赐的价值要高于贡马的价值。对于蒙古的贡使及随行人员，也会根据其身份给予不同的赏赐。这种回赐制度从本质上来说是对蒙古贡物的一种物物交换，是对双方边境贸易的一种补充。除了回赐外，在接待蒙古贡使的礼仪上也有相应的规定，在饮食方面，一般由礼部出面对贡使进行接待并负责饮食起居，赐宴中的酒肉、汤、茶等也有规定。在明蒙往来的行程上则主要由会同馆及驿馆负责，在边境及沿途由驿馆负责贡使的住宿及马匹的喂养，在京城则由会同馆负责。

贸易规模的扩大：随着明蒙关系的缓和，通贡贸易的规模也逐渐扩大。正统初年，蒙古使团往来明朝人数不过千人，至景泰三年，人数已达五千多人。朝贡的物品数量也逐年增多，正统十二年，蒙古使团一次性就贡马4172匹，兽皮12300张。后历经土木之变，双方的朝贡贸易虽有所恢复，但随着马市的制度化及私市的泛滥，朝贡贸易规模大不如前。

达延汗时期，朝贡贸易再次得到发展。弘治元年（1488年）六月，达延汗遣使朝贡，这次朝贡的规模极大，使臣及随同人员

1　《明英宗实录》景泰元年十二月甲申，中华书局，2016年。

达一千五百余人，贡马五千余匹，但最后因为朝贡人数过于庞大，明政府只准许五百人进京。此后几年，达延汗又连续多次派遣使臣入贡，通过朝贡这一途径，明蒙之间的关系较之前代有了明显的改善。

2. 马市贸易

早在《逸周书》中就有北方部族向商王进献马匹的记载，汉、唐、宋等时期的朝贡和边境贸易中，马匹都是一种重要的交易物资。同样明朝对马匹的需求量也相当之大，而所养马匹不足，这就需要从边境各处购买或者交换，同样，周边各民族也需要从明朝购入各种生产生活必需品，特别是北方的蒙古，由于自身环境和生产方式的关系，更加需要同明朝进行贸易来满足自己的生产生活需求。因此在明代，马市贸易便成为明蒙经济关系中最重要的交流手段。

在明朝初期，明蒙双方就开始在西北边境进行贸易。永乐四年（1406 年），即在甘肃地区设立临时性市场，允许周边各部族前来进行马匹交易[1]。这些市场主要设在甘州、兰州、凉州、宁夏、大同等地。在辽东地区，为了安抚归附的朵颜三卫，也设立了开原南、开原东、广宁三处马市。当然这一时期，双方马市交易的规模还比较小，而且马市开设的时间地点也时常有变化乃至会出现中断的情况。

正统三年（1438 年）四月，明英宗接受大臣卢睿的建议，在大同开设马市，这是明朝与蒙古之间设立的第一个固定的马市，选择大同开市，主要是考虑到大同的地理位置及其作为九边重镇的重要地位，西部的瓦剌和东部的鞑靼均可在此进行贸易。土木

1　《明太宗实录》永乐四年九月壬戌，中华书局，2016 年。

之变使大同马市曾经一度关闭，至景泰四年（1453年）得以恢复。此后，马市又在新开口堡、延绥、宁夏、宣府等地相继开设。

马市规定每年开设一至两次，每次开设三天到半个月左右，双方的交易和管理事宜主要由明政府派人进行，明朝用银两、布匹、纸张、铁器、茶叶等来收购蒙古的马匹，但严禁私自交易武器。对于马匹的价格，也是由明政府来规定的，据《万历武功录》记载，上等马匹值十二金，中等马匹值十金，下等马匹值八金，年老羸弱的马匹不准交易。固定马市的场所及交易规则的制定，使明蒙双方的贸易在制度层面得到了保障。

土木之变后，边境马市也受到了很大的影响，多处马市一度关闭，但这种情况不利于明蒙双方人民的利益，嘉靖年间，蒙古首领俺答汗遣使明朝通好，但是却遭明廷拒绝，于是俺答汗采取武力的方式逼迫明政府重开边贸。嘉靖二十九年（1550年），俺答汗率军由大同直逼北京，迫于蒙古的军事压力，明世宗于嘉靖三十年（1551年）在大同镇羌堡重开马市，双方共易马近万匹。但是，本次开市是受蒙古的武力胁迫，明廷内部特别是明世宗对此事并不积极，甚至认为有失"上国"威严，因此本次开市仅持续一年便告终止。

隆庆四年（1570年），明蒙间达成和议，俺答汗被明朝册封为顺义王，双方的关系实现了正常化，北方长城沿线百余年的战争状态基本结束，这也意味着边境贸易的重开成为可能。隆庆五年（1571年），明政府开放宣府、大同、山西、延绥四处马市，其中宣府有张家口堡，大同有镇羌堡、新平堡、守口堡，山西有水泉营，延绥有红山寺堡，另外在宁夏还有清水营、宁夏中卫、平虏卫，甘肃有扁都口、高沟寨。除了这些规模较大的马市外，在北方沿边地区还有一些如灭胡堡、宁虏堡、柏杨岭堡等较小的马市，至隆庆末年，已有大小马市数十处。

马市按照性质分大市、小市两类。大市主要进行明蒙间官方的交易，一般在夏秋之际，时间较长，多在半个月左右。小市主要针对蒙古的普通牧民开设，每月一次，每次一到两天。

3. 木市贸易

除了马市交易之外，木市贸易也是明朝与蒙古重要的贸易方式。木市交易的主要地点在辽东地区。因为当时辽东特别是义州地区树木较少，而兀良哈三卫盛产木材，从其他地区运输一则路途遥远，二则时常遭遇匪患，致使当地木材价格昂贵。

据《明史》记载，嘉靖二十二年（1543年），明政府在泰宁、朵颜、福余三卫之地罢设马市，改设木市，这是关于明代辽东地区木市的最早记载。一般来说，辽东木市的正式设立时间为万历二十三年（1595年）。当时朵颜部首领小歹青请求明政府在其地设立木市，明朝兵部侍郎李化龙认为同意其要求有利于笼络人心，稳定边境局势，同时木市的开放也能够解决辽东地区百姓缺乏木材的困难。这一建议得到了明神宗的采纳，于义州（今辽宁省义县）大康堡建立木市，随后又在义州所属太平堡、宁远（今辽宁省兴城市）所属高台堡、辽阳所属长安堡、广宁（今辽宁省北镇市）所属镇夷堡等地添设。

木市的开市时间一般在每年的春季，义州木市设立后，明政府选任提调官一名驻守当地，具体管理木市的各种事务。万历二十六年（1598年），辽东巡抚张思忠以战乱为由，请罢木市，万历皇帝听从了他的建议，义州木市暂时关闭。这一做法引起了朵颜部的不满，又开始骚扰辽东同时再次请求重开木市，辽东总兵李成梁也认为木市的开设对于安抚兀良哈三卫能起到重要作用，于是在万历二十九年（1601年），明朝又复开义州木市。

虽然木市相较于马市来说开放时间较短，范围也仅限于辽东地区，但对于辽东地区各族人民来说，通过互通有无，加强了双方之间的交流，同时对于明政府来说，也在一定程度上缓解了边境的压力。

4. 私市贸易

在明代，除了由官方开设的马市、木市之外，在民间还存在着私市。私市顾名思义就是明蒙双方民间私下进行的贸易，并未得到官方的认可。

私市的出现与明朝严禁向蒙古输出铁器、武器有关。明朝建立之初太宗朱棣即下令"旧禁军器出境。近闻有鬻于外夷者，此边将失于关防之过，自今须严禁约。"[1]这一政策的施行主要是由于当时明蒙间的军事对峙还在持续，明政府的做法是为了防止战略物资的输出。到了明朝中期特别是宣德年间以后，私市开始在边境地带出现，这一时期的私市交易主要是官方禁止的铁器、武器等物品，交易的双方主要是在明朝边防军与蒙古间进行的。如宣德九年（1434年），大同参将曹俭用盔甲和弓箭与瓦剌交换骆驼。正统十一年（1446年），有官员报告在边境地区有官兵私造军器与瓦剌交易。为此明廷三令五申，多次重申禁售武器的规定，但仍屡禁不止。

除了边防军队的私市交易外，更大规模的交易是在民间。明蒙间的马市贸易由于受到双方政治关系的影响，时有中断，极不稳定，这就为民间贸易的滋生创造了条件。据隆庆五年（1571年）

---

1 《明太祖实录》卷72，永乐五年十月壬辰，中华书局，2016年。

的统计，在当年宣府大同的互市交易中，官市易马一千三百七十匹，而私市达到了六千匹。[1]由此可见，当时明蒙民间的贸易规模要远大于官市贸易。在私市的发展过程中，还出现了专门从事走私贸易的商人，如李孟阳、李义等人就专门在山西地区从事马鬃的贸易，他们将交易来的货物再运到江南地区。

虽然私市的存在在明代是一种非法行为，但不可否认的是，正是因为明蒙人民的需求才造就了私市的出现。私市贸易的发展不但能够使下层百姓的生活得到改善，也使明蒙间的人民充分交往、相互了解，在一定程度上促进了当地经济的发展。

5. 移民经济

北方游牧民族的经济生活主要以畜牧业为主，农业和手工业不发达，社会生产力水平较为低下，"锅釜针线之具，增絮米粆之用，咸仰给汉"。[2]这些生产生活用具都需要与中原地区进行贸易获得，蒙古民族也不例外。

明朝中后期，随着明蒙双方军事对立的减少，大量汉族移民进入明与蒙古交界一带（今呼和浩特），特别是嘉靖年间大同镇兵变和镇压白莲教起义，大量叛军和白莲教众逃往河套地区，其中最为著名的是山西地区白莲教首领赵全。在这里，他们"筑城自卫，构宫殿，垦水田"[3]，进行了大规模的经济开发。居住方式变化也不可避免地带来了生产生活方式的改变。河套地区当时为俺达汗的驻牧地，人口数量较多，土地较为肥沃，这些都为农耕的兴起提供了必要条件。

汉族移民的到来，不但增加了当地的劳动力，也带来了先进的生产和生活方式。到万历初年，定居于河套一带的汉族人民已近十万。作为蒙古的首领俺达汗也有发展农业的愿望，他曾说："吾已决策城丰州，以耕种为务矣"。[1]他还曾亲自在丰州（今内蒙古呼和浩特市）地区进行耕田作为示范。对农业人口蒙古统治者也采取了较为优惠的政策，交税很少，每年不过粟一囊，草数束，其他没有额外的差役。较低的赋税再加上统治者的重视，使涌入的汉族人数不断增多，板升头目李自馨就曾招募三百二十余名明朝境内百姓进入蒙古地区。人口的流动使蒙汉人民间交流增多，原生活在河套地区的蒙古牧民也吸收借鉴了汉族人民的生产和生活方式，农业经济与定居生活也在这一地区出现。

移民除了带来了先进的农业技术外，也把内地的手工业技术传到呼和浩特地区。白莲教首领丘富之弟丘全就是一名木匠，他带领当地蒙古民众制作各种农业工具，其他如铁匠、皮匠等手工业者也都受到当地蒙古贵族的重视，呼和浩特地区的手工业也迅速发展了起来。

受环境等因素的影响，这里还出现了一种雁行模式，即"春季北上进入蒙古区域垦殖，入冬带着收获物南下"。[2]

随着定居人口的逐渐增多，在蒙古高原上开始出现了一些比较大的定居点，其中规模最大的是库库和屯，明朝称归化城，也就是今天的呼和浩特。库库和屯始建于隆庆六年（1572年），建成于万历三年（1575年），此后如苏木沁、察素齐、陶卜齐等较大的定居

1　（清）谷应泰：《明史纪事本末》卷七，中华书局，1962年。
2　鱼宏亮：《跨越地理环境之路——明清时期北方地区的游牧社会与农商社会》，《文史哲》2020年第3期。

点相继出现。这些城镇的建立有效地促进了当地经济的进一步发展。

这些中原地区的移民带来了先进的农业、手工业、建筑技术，使当地出现一派欣欣向荣的景象，极大地促进了蒙古地区的开发，推动了民族间的融合。

三、文化互鉴

明蒙双方除了在政治经济方面交往外，在文化上也相互渗透和影响，这种交流也促进了双方的了解。

1. 人员流动

明朝建立后，有大量蒙古人留居和归附内地，明政府采取一视同仁的政策给予妥善安置，这些蒙古人也为明朝的社会发展作出了重要贡献。

洪武年间著名大臣道同便是其中杰出的代表。道同，河间（今河北省沧州市）人，为蒙古后裔。洪武三年（1370 年），授太常司赞礼郎，后任番禺知县。在番禺任期内，他不畏权贵，整治豪强，最令人称道的是与明朝开国功臣朱亮祖的斗争。洪武十二年（1379 年），朱亮祖至番禺，接受豪强贿赂，令道同释放不法之徒，道同不惧权势，秉公执法，因此遭到朱亮祖嫉恨并上书明太祖，诬蔑其"讪傲无礼"，道同受到诬陷被害，后朱元璋查明此事，评价其"以为同职甚卑，而敢斥言大臣不法事，其人骨鲠可用"。[1]此外，这些滞留和归附内地的蒙古人由于兼通蒙汉两种语言，为明蒙之间文化的交流与传播起到了极大的促进作用，如火你赤被明朝授为翰林蒙古编修，李贤负责明蒙之间往来文本的翻译。

1　《明史》卷二十八，中华书局，1974 年。

明初，大量归附的蒙古人活跃在军事领域中，成为明朝的重要兵源。如洪武六年（1373年），明太祖将宜兴、锦川等地的九百多户蒙古人编入军卫，洪武七年（1374年），将聚集在南京附近归附的蒙古人中选其精壮者隶属军籍。在靖难之役中，朱棣也借助了蒙古降人的力量，位于东北地区的大宁行都司为朱棣提供了大量的蒙古兵源，这些士兵骁勇善战，大大增强了朱棣的军事力量。为了防御蒙古，明朝在北方和东北边境地区广设卫所，派驻重兵进行防卫，明政府利用归附的蒙古人在语言等方面的优势，也将其大量派驻边卫。归附明朝的蒙古人其住地遍布及今北京、天津、河北、山东、江苏、安徽、江西、湖北、湖南、广西、浙江、福建、贵州、云南等14个省市自治区，靠近漠北的今辽宁、山西、陕西、宁夏、甘肃也有很多蒙古人居住 。[1]

明朝政府对生活在内地的蒙古人采取了较为怀柔的政策。对于贵族给予一定的土地，有能力者还可为官。对于普通民众则发放生产生活资料，教其农业耕作方法，穿汉服，说汉语，与汉族通婚。明朝的措施极大地促进了民族间的融合。

隆庆和议之后，随着明蒙冲突的减少，双方边境地区的边民往来更加密切，汉民出塞，蒙古族人民入口岸的现象屡见不鲜。汉民多进入到河套地区一带定居，蒙古族人民则南下至长城沿线生活，特别是明朝的边堡中集中安置了大量的蒙古民众，如在陕西榆林北部的建安堡就有归附的蒙古人596名。俺达汗非常重视文化教育，对归附汉民中知诗书者给予优待，"举人诸生幸临者，我厚遇之，与富等"。[2]这使得在其周围聚集了大量饱学之士，

1　卜照晶：《明初社会生活中的蒙古人》，《古籍整理研究学刊》2007年第3期。
2　（明）陈子龙等：《明经世文编》，中华书局，1962年。

为蒙古地区经济文化的发展提供了有力的保证。这种双向流动促进了明之蒙间民众的经济文化交流，在一定程度上也破除了双方之间的隔阂。

2.语言文字

语言文字是人们最重要的日常交流手段。在明代，蒙汉民族之间在这方面就相互影响和渗透，无形中促进了双方之间的经济文化交流。

在元朝治理的近百年中，已经有大量的蒙古语词汇渗入到人们的日常生活中。如"卯兀"（坏），"胡同"（水井），"曲律"（骏马、俊杰），"茶迭儿"（庐帐）等等。[1] 很多入明的蒙古人也采用了汉人的姓名，如李、赵、刘、金、宋、朱、马、蒋等姓都较为常用。

移民至河套地区与蒙古交错杂居的汉民，在语言的使用和表达方式上出现了显著变化，在这里定居的汉民几乎都会蒙古语，同样，蒙古人在生活中也大量使用汉语，形成了两种语言杂糅使用的情况，体现出民族之间的认同，增加了双方之间的交流与团结。有学者专门对此进行了研究，一种类型属于直接从蒙古语中借词，如蒙语中的"虎巴亥"意为"光秃秃的荒山"，用于汉语方言则指乱七八糟的一摊。"哈喇"，蒙古语指"黑色"，汉语方言的意思是"杀"。"倒喇"，蒙古语指"唱"，汉语方言指"聊天"等等。此外，还有蒙古语和汉语混在一起使用的类型，如"你真是个贼忽拉"是为"贼"的意思，"忽拉"则是蒙语"忽拉盖"（贼）的省略语，加在一起仍为"贼"的意思。蒙汉语合用还表

---

[1] 方龄贵：《古典戏曲外来语考释词典》，汉语大词典出版社，云南大学出版社，2001 年。

现在地名上，如阿善沟门，沟门是汉语，阿善蒙古语意为"圣水"，张子淖尔，张子是汉语，淖尔蒙古语意为"湖"，毫沁营子，营子是汉语，毫沁蒙古语意为"旧"。[1] 在蒙古族和汉族结婚生子后，当地很多家庭给孩子取名时也有汉姓蒙名的情况，如张巴特、王楚鲁等。[2]

3. 饮食习惯

游牧民族和农耕民族在饮食结构上存在很大的区别，这主要是因为二者生活环境不同而产生的差异。游牧民族主要生活在草原地区，以畜牧业为主要的生产生活资料来源，因此牛羊等肉类和奶制品是其最重要的食物，加之草原地区纬度较高，气候寒冷，生活在此的居民必须要摄入足够的热量以维持生存，这就造成了这一地区居民独特的饮食结构。在明朝中期之前，蒙古族的饮食是以食肉饮奶为主。明朝中期之后，由于同中原地区人民的交往增多和生产方式上的一些变化，特别是移民的进入，使当地民众在饮食上也发生了一些改变。

明蒙边境的一些地区受到了汉民的影响，农业经济开始出现，各类作物主要是谷类开始种植。如土默特地区的居民在保持原有的肉类作为主要的食物之外，小麦、玉米和各种豆类也成为日常食物，另外，包括南瓜、黄瓜、葱、西瓜、苹果等蔬菜水果也开始进入人们的日常生活中。蒙古牧民除了放牧牛羊之外，也开始产生了家禽饲养，如猪鸡等。

蒙古人好饮茶、善饮茶，这一习惯从元朝就已开始，但由

---

1 伏来旺：《土默特史话》，内蒙古人民出版社，2017 年。
2 李慧茹：《敕勒川文化形成的地域基础和民族交融因素》，《北方民族大学学报》2019 年第 6 期。

于大部分茶叶需要从南方运入，价格比较昂贵，所以当时饮茶主要是在上层贵族中流行，在普通百姓中还不是特别普遍。随着明代边境汉民与蒙古民众的交流增多，贸易繁荣，饮茶习俗也深入到普通的蒙古牧民之中，但饮茶的方式又与中原地区颇异，具有本民族的特色。蒙古人煮茶的习惯在明代肖大亨的《北虏风俗》中有记载："肉之汁即以煮粥，又以烹茶。茶肉味相反，彼亦不忌也"[1]。

明人在饮食仪制上也受到了蒙古风俗的影响。如设酒则每桌五果，五按，五蔬菜，汤食非五则七，酒行无算，另置酒桌于两楹之间，排列壶盏马盂；及把盏，尊卑行跪礼。[2]

4. 居住方式与生产方式

作为游牧民族的蒙古人的生活方式一直以来是逐水草而居，蒙古包是蒙古族牧民主要的居住场所。明朝中期以后，大量汉人进入河套地区，在带来先进生产技术的同时，也将定居生活的观念传入此地，"板升"由此应运而生。

根据记载，俺答汗统治时期，曾与兀慎娘子建砖塔城。而最早的"板升"出现在嘉靖三十三年（1554 年），至隆庆五年（1571 年），"为汉人所居并称为大板升的就有十二个，小板升有三十二个"。[3] 这里所说的"板升"也叫做"板申"，为汉民的蒙文音译，意为城、屋，实际上指的是定居点。顾祖禹的《读史方舆纪要》中对当时的情况记载道："明嘉靖初，中国叛人逃

1　王雄、薄音湖：《明代蒙古汉籍史料汇编》（第二辑），内蒙古大学出版社，2006 年。

2　（明）郎瑛：《七修类稿》，上海书店出版社，2009 年。

3　薄音湖：《从板升到库库和屯的建立》，《中国民族史研究》，中国社会科学出版社，1987 年。

出边者，升板筑墙，盖屋以居，乃呼为'板升'。有众十余万，南至边墙，北至青山，东至威宁海，西至黄河岸，南北四百里，东西千余里。一望平川，无山陂、溪涧之险，耕种市廛，花柳蔬圃，与中国无异各部长分统一。"[1]对于当时"板升"的形制在史书中也有如下记载："其四十五年三月，全与自馨、彦文、天麒等遣汉人采大木十围以上，复起朝殿及寝殿凡七重，东南建仓房凡三重，城上起滴水楼五重，令画工绘龙凤五彩，艳甚。于土堡中起大宅凡一所，大厅凡三重，门二，于是题大门曰石青开化府，二门曰威震华夷。已，建东蟾宫、西凤阁凡二重，滴水土楼凡三座。亦题其楼曰沧海蛟腾，其绘龙凤亦如之。"[2]从记载中可见，当时大板升规模极其宏伟。而且这一地区盛产木材，这也为房屋的修建提供了重要的原材料。汉民的到来也使当地蒙古族牧民在居住方式上发生了变化。

5. 风俗习惯

明代在制度上有相当一部分沿袭了元朝。元朝礼制以左为尊，而在明代的北方地区，主宾就座时也是以左为尊，这与历代封建王朝的尚右传统相悖。元代重视吏员，而明代在官员的选用方面也较之以往的中原王朝有所不同，对吏员出身限制较少，甚至可以铨选为京官。另外，后宫制度上明朝也承袭元制，设立皇后之时，须立三宫，即"中宫""东宫""西宫"，这一做法与元代完全一致。

古代蒙古人去世后主要的丧葬习俗有天葬、火葬和土葬，其中土葬的形式与汉地的土葬有着明显的不同。汉族讲究落叶归根、

1　顾祖禹：《读史方舆纪要》卷四十四，商务印书馆，1937年。
2　《明史》卷三二七，中华书局，1974年影印版。

魂归故里，死后一般是下葬于故乡，即使在外地亡故，也要将尸体运回故乡进行下葬。下葬时也会考虑时间、地点和墓葬周边的环境等因素。而对于蒙古人的葬俗，元末明初学者叶子奇在《草木子》一书中记载到："送至其直北园寝之地深埋之，则用万马蹴平，俟草青方解严，则已漫同平坡，无复考志遗迹。"[1]

可以看出，蒙古族虽然也有土葬，但无棺椁，不筑坟丘，不立碑，用马踏平将墓上的地表，使其不留痕迹，这与中原地区的丧葬习俗差别极大。至明朝中后期，一些在沿边地区生活的蒙古人受汉人影响，在葬俗上也发生了一些变化。有关于这一时期蒙古人的葬俗在明人萧大亨的《北虏风俗》中有详细记载，"初，虏王与台吉之死也，亦略有棺木之具，并其生平衣服、甲胄之类，俱埋于深僻莽苍之野。死之日，尽杀其所爱仆妾、良马，如秦穆殉葬之意。若有盗及冢中所埋衣甲及冢外马匹，并一草一木者，获即置之死，子女尽人为奴。而资财无论矣。"可见这一时期，随着与汉人交往增多，蒙古贵族已吸收棺椁、殉葬等汉族的丧葬形式。

蒙古高原曾盛行掠夺婚制度，在《蒙古秘史》中记录了很多关于掠夺婚的案例，如成吉思汗在征服草原诸部的过程中曾多次抢夺各部女子为妻妾，这是由当时社会生产力水平和各族间经常发生战争的情况决定的。随着元朝的建立，蒙古人开始吸收汉族的婚俗习惯，掠夺婚逐渐减少，聘婚制开始流行。

聘婚制最早始于西周初年，《礼记》中就有关于"六礼"的记载，即纳采、问名、纳吉、纳征、请期、亲迎，后逐渐形成了一套完整的礼仪制度。而蒙古族的聘婚制则是对汉族的婚礼仪式进行了

1　（明）叶子奇：《草木子》卷3下《杂制篇》，中华书局，1959年。

吸收借鉴，特别在明中期以后，蒙古族特色的婚礼习俗逐渐形成。相较于汉族，蒙古族的聘婚制有着许多自身的特色。比如聘礼的种类除了丝帛、金银、茶叶等，最主要的则是马牛羊，而且聘礼中必不可少的则是"哈达"，女方的嫁妆除了常用的被褥、衣物、炊具外，还会有各类的马具。另外，在定亲、婚礼的过程、婚后的禁忌等方面蒙古族也有着本民族的特色。

在我国古代，北方少数民族如鲜卑、契丹、室韦等在穿着上一般为左衽，即衣服右襟压左襟，而汉族正好相反，为右衽。蒙古族也同大多数北方少数民族一样在衣服的穿着上为左衽。到元明之时，左衽风气在汉民族中仍然存在，永乐至正统年间，山东给事中王铎、彰德府林县训导杜本、绛县训导张幹等人多次上奏恳请朝廷禁止，但仍屡禁不止，可见此时在民间左衽之风甚盛。这种情况在远离京城越远的地区风气越甚，特别是在江南地区的妇女中。

进入蒙地的汉人在服饰上也受到了当地蒙古人民的影响。明代在呼和浩特生活的汉人为抵御寒冷，也和蒙古人一样穿上了皮衣戴上了皮帽。

6. 文化艺术

在文化艺术方面，蒙汉民族之间的交流也非常广泛。明朝政府为了更加有效地同蒙古进行沟通，专门设立司礼监经厂、四夷馆、会同馆等机构编纂刊印蒙文书籍。其中经司礼监经厂刻印的《华夷译语》这本书为明太祖朱元璋下令，由翰林院侍讲火源洁、编修马沙亦黑等人编纂，这是一本记录汉语与其他民族语言的对音文献。此外，民间坊刻的蒙古文书籍也有很多，建阳刘氏翠岩精舍曾刊印《蒙古族汉字百家姓》。明代在蒙文出版方面的另一项重要成就是全文翻译了蒙古族的重要典籍《蒙古秘史》，而且为了使初学者能够读懂，还将书中的蒙语全部用汉字音译出来。同样，蒙古也对汉文典籍进行了翻译，特别是佛教经典。从俺答汗开始至林丹汗时期，参考藏文本和汉文本，全文翻译了规模宏大的藏传佛教经典《甘珠尔》。

语言和文化典籍类书籍的相互翻译在促进文化交流和互鉴方面发挥了至关重要的作用，使两种文化都能在对方境内得到传播和发展，在一定程度上加深了彼此之间的了解。

处于中原地区的明朝、北方草原的蒙古、东北地区的女真

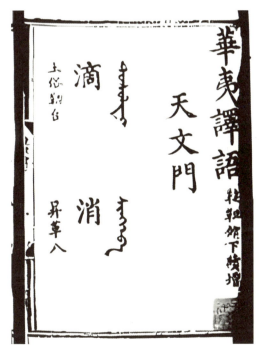

台湾商务印书馆·华夷译语

作为十四世纪中叶到十七世纪中叶活跃在中国历史舞台的三方势力，在不断交流交往的过程中相互学习借鉴，虽然在这期间也发生过多次冲突和战争，但大多数时间仍是处于和平交往的状态。更为重要的是，无论是北元时期的蒙古，还是女真乃至后来的清朝，无不是以"中国正统"而自居，这种中国认同思想实质上包含了朴素的中华民族共同体意识，这为清朝的大一统和中国疆域轮廓的基本形成奠定了思想基础。

中编　白山黑水传过往
——明代时期的女真

　　十五世纪中期，在东北白山黑水之间崛起了一支少数民族——女真族。在随后一百余年的时间里，女真族三大部之一的建州女真逐渐发展壮大，开始了与明朝争雄的战争。在女真发展的过程中，与明朝的联系极为紧密，在政治、经济、文化等方面，都受到了明朝的重要影响。

一、女真兴起

　　女真源自中国古代东北的一个民族肃慎，秦汉时期称挹娄，南北朝时称勿吉，隋唐时称靺鞨，辽时称女真。女真在首领完颜阿骨打的带领下开始逐渐强大，攻灭辽和北宋，建立了统一中国北方的金政权。元朝建立后，生活在中原地区的女真人逐渐与汉族融合，此外还有部分女真人仍留居于东北地区。至明朝初期，女真主要分为建州女真、海西女真、东海女真三部，其中建州女真紧邻辽东地区，与明朝关系最为紧密。

　　明初在北方边境地区广设卫所，辽东地区很多归附的女真人被明政府安置于卫所并由其首领进行管辖，努尔哈赤六世祖猛哥帖木儿便是其中之一。永乐元年（1403年），明政府开始招抚女真吾都里、兀良哈、兀狄哈三部，建州女真开始和明朝产生了联系。同年，封建州女真部首领阿哈出为建州卫军民指挥使司指挥使。永乐十年（1412年），从建州卫中析出，另置建州左卫，封另一建州女真首领猛哥帖木儿为指挥使。正统七年（1442年），又从建州左卫中析出建州右卫，封猛哥帖木儿之子董山为指挥使，建州卫、建州左卫、建州右卫史称"建州三卫"。

猛哥帖木儿对明朝忠心耿耿，多次进京朝贡，得到了明朝的信任，不久升为都督金事，其弟凡察为都指挥使。宣德八年（1433年），猛哥帖木儿在与"野人女真"的作战中被杀。猛哥帖木儿在明朝初年的功绩为建州女真后来的强大奠定了基础。

猛哥帖木儿死后，其子董山依旧忠顺明朝，并于天顺八年（1464年）获准在抚顺开设马市。马市的开设对建州女真的快速发展起到了至关重要的作用，使其在政治、经济、文化方面的发展逐渐拉开了与女真其他部落间的距离。

成化三年（1467年），明政府以率众抢掠辽东军民为由将董山诱捕，随后将其杀死。之后又先后冠以董山之子脱罗，之孙脱原保为建州左卫都指挥同知，及至努尔哈赤之祖觉昌安，之父塔克世皆为建州左卫首领，对明朝一直很忠顺。万历十一年（1583年），觉昌安、塔克世试图在古埒城劝降叛明的内弟阿台之时，明辽东总兵李成梁会同图伦城主尼堪外兰攻城，父子二人均死于战乱之中。

努尔哈赤祖、父死后，明朝照例袭封其为建州左卫都指挥使。努尔哈赤对祖、父之死心怀怨恨，要求处死尼堪外兰，但是这一要求没有得到明朝的允许。努尔哈赤遂于万历十一年（1583年）以祖、父十三副遗甲起兵，从而拉开了长达数十年的统一战争。同年，努尔哈赤攻克图伦城，尼堪外兰外奔，最后逃至明朝，被明朝所庇护。万历十五年（1587年），随着努尔哈赤势力的逐渐强大，明朝将尼堪外兰送还努尔哈赤，旋即被杀。但此时努尔哈赤已不满足于报祖、父之仇，更大规模的战争也随之开始。

努尔哈赤首先统一建州女真各部。自万历十一年（1583年）起至万历十六年（1588年），努尔哈赤先后征服苏克苏浒、董鄂、哲陈、苏完、雅尔古、完颜等部，最终统一建州女真。随着努尔哈赤的节节胜利，女真的其他各部感受到了威胁，于是在万历二十一年（1593年），海西女真叶赫部联合乌拉、辉发、哈达、珠舍里、锡伯、卦勒察等九部与建州女真展开决战。相比于九部联军，努尔哈赤处于弱势的一方，因此他审时度势，对外仍向明朝称臣纳贡，并于万历十八年、二十一年、二十五年三次赴北京朝贡，以争取明朝的支持或保持中立态度，对内则集中全力应对九部联军。同年九月，双方在古勒山进行决战。努尔哈赤集中兵力大获全胜，乌拉部首领布占泰被生擒。这次战役的胜利使努尔哈赤在女真人中的威望迅速提高，也为其统一女真各部打下了坚实的基础。

获胜后的努尔哈赤并没有被胜利冲昏头脑，坚持采取分化瓦解各个击破的策略，对于实力较强的叶赫、乌拉二部尽量拉拢，为表示友好，他将在古勒山战役中俘获的乌拉部首领布占泰送还，布占泰因此非常感激，将其妹嫁与努尔哈赤。同时，努尔哈赤也与女真周边的朝鲜、蒙古通好，更为重要的是此时的努尔哈赤对明朝的态度仍然十分恭顺，一是因为不想明朝插手女真各部之间的战争，二是建州女真的经济仍要仰仗辽东马市，这些战略上的成功部署使得努尔哈赤在统一女真的过程中没有了后顾之忧，可以集中精力对付实力强大的哈达部。万历二十七年（1599年）九月，努尔哈赤以背盟为由，将哈达部击败。随后他又远征东海女真，先后征服渥集、库尔喀等部。万历三十一年（1603年），努尔哈赤修建赫图阿拉城（今辽宁省抚顺市新宾满族自治县）。这时除了叶赫、乌拉外的女真各部均已臣服。在万历四十一年（1613年），努尔哈赤开始了征服乌拉部的战争，并最终击败布占泰，从而实现了女真全境的基本统一。

万历四十四年（1616年），努尔哈赤在赫图阿拉称汗，建国号为"大金"，史称后金，定年号为"天命"。后金政权建立后，努尔哈赤继续完善八旗制度，发展经济，实力更加强大。这时的明朝终于意识到东北地区新出现的女真政权对其统治产生了威胁，双方的矛盾逐渐加剧。

万历四十六年（1618年），努尔哈赤在盛京"告天"誓师，以"七大恨"[1]为由宣布与明朝决裂，从"七大恨"的内容来看，其政治色彩浓厚，实际上是已经发展壮大的女真人不满足于偏居东北一隅，希望与明朝争雄的一篇战斗檄文。

随着后金政权的建立，明朝与女真之间的关系完全破裂，努尔哈赤开始大举进攻明朝的辽东地区并先后攻占抚顺、清河等地。

---

1 "七大恨"即：明朝无故杀害努尔哈赤祖父觉昌安和父亲塔克世。明朝偏袒叶赫、哈达等部女真，欺压建州女真。明朝违反双方划定的范围，强令努尔哈赤抵偿其所杀的越境人命。在建州与叶赫的部族争战中出兵帮助叶赫。明朝支持叶赫将已许给努尔哈赤的女儿转嫁与蒙古喀尔喀部，致使建州蒙羞。驱逐居住在边境、已开垦土地上的建州百姓，毁坏其房屋田地。明朝辽东地方政府派萧伯芝赴建州，作威作福。

此时明神宗开始意识到女真的强大，遂派兵部左侍郎杨镐为辽东经略，主持辽东防务。万历四十七年（1619年），明神宗从山西、四川、浙江等地调集兵力八万余人，号称四十七万，作为统帅的杨镐坐镇沈阳总制，马林、杜松、李如柏、刘綎兵分四路，目标直指赫图阿拉。后金方面则采取集中兵力、逐路击破的方针，以主力迎战杜松所部。三月初一，杜松部抵达萨尔浒一带（今辽宁省抚顺市大伙房水库附近）。由于其孤军深入，努尔哈赤以四万五千精锐八旗兵进行迎击，趁大雾发动攻击，杜松一部全军覆没，杜松本人阵亡。接着努尔哈赤挥师北上进攻马林部，又将其击败。旋即南下进攻刘綎部，再次获胜，斩杀刘綎。四路明军仅李如柏部因进军迟缓而免于被歼。萨尔浒战役在历史上是一次著名的以少胜多的战役，通过这次战役的胜利，使辽东地区的局势发生了决定性的变化，后金从战略防御开始转向战略进攻。

在后金节节胜利的形势下，明朝起用熊廷弼代杨镐为辽东经略，熊廷弼的到来稳定住了辽东地区的局势，双方进入了相持阶段。但明熹宗继位后熊廷弼遭弹劾被革职，袁应泰继任。后金趁此时机于天启元年（1621年）先后攻占沈阳、辽阳等地，明朝尽失辽河以东地区。不得已明朝政府再次起用熊廷弼，但又同时任命王化贞为辽东巡抚，使二人相互牵制。熊廷弼与王化贞不和，致使熊廷弼的策略无法施展，明朝再失广宁、义州等地。

经过几年的经营，明朝辽东地区除宁远（今辽宁省兴城市）及周边几座孤城外，几乎尽失，辽东腹地的形势逐渐向后金倾斜。天启六年（1626年），后金大举进攻宁远，此时镇守宁远的袁崇焕以锦山、杏山、松山、锦州几地为依托，修缮城池，坚决固守。努尔哈赤在进攻过程中被红夷大炮所伤，不得已退兵返回沈阳，宁远大捷是后金与明开战以来的一次大败。不久，努尔哈赤病亡，其子皇太极即位。

为了扩大自己的实力，皇太极对另一个重要势力蒙古采取了招抚的策略，科尔沁、翁牛特、郭尔罗斯、杜尔伯特等部先后归附后金，有了蒙古各部的支持，后金的实力更加壮大。崇祯三年（1630年），袁崇焕蒙冤入狱，不久被处死，辽东地区再无能将抵挡后金的进攻。崇祯九年（1636年），皇太极改国号为大清。崇祯十四年（1641年），后金再次进攻锦州，明朝辽东守将洪承畴被俘，祖大寿投降，松山、锦州等地尽归后金。

崇祯十六年（1643年），皇太极病逝于沈阳，其子福临即位。而此时的明朝在李自成起义军的打击之下已经风雨飘摇。崇祯十七年（1644年），明朝山海关守将吴三桂引清军入关进入北京，从而开启了一段新的历史。

二、辽东边贸

明朝建立政权后不久，就和东北地区的女真人形成了经贸联系，虽然在明朝末年，双方之间关系恶化，但在此之前一百多年的时间里，明与女真基本保持着和平交往的态势。生活在白山黑水之间的女真人在经济上一直以来主要以渔猎为主，在发展过程中与明朝互通有无，这为女真的政治经济发展创造了必要条件。

1. 辽东马市

明朝建立后不久，女真就与其发生了联系。永乐四年（1406年），明政府在"设辽东开原、广宁马市二所"[1]。这时所设的

1　《明神宗实录》卷五六四，中华书局，2016年。

马市不光是为女真所设，更主要是同蒙古兀良哈部交易马匹。天顺八年（1464 年），女真首领董山向明朝请求在抚顺开设马市，这一请求得到了明英宗的准许。至万历年间，明朝共在开原、抚顺、清河、瑗阳、宽甸开设六处马市，其中开原有南北两处。对于开设马市，明朝统治者有着清醒的认识，"朝廷非无马牛，而与之为市，盖以其服用之物，皆赖中国。若绝之，彼必有怨心，皇祖许其互市，亦是怀远之仁。"[1] 这主要是从政治上考量，但客观上，使双方在经济上能够互通有无，政治文化上也得到了交流。

马市制度建立起来之后，逐渐形成了一套体制来进行管理。马市建立的初期开市一般是每月一次，日期为初一至初五。随着双方贸易的繁荣，后期开市更加频繁，甚至达到三到五日一次。与大同等地的马市一样，对于辽东马市马匹的价格也有明确规定，如最好的上上等马每匹可换绢八匹、布十二匹，上等马每匹可换绢四匹、布六匹。马市以易马为主，此外还有牛羊骡等，东北当地的土特产也大量存在于马市贸易中，如貂皮、豹皮、熊皮、人参、松子、黄蜡、木耳等。马市官员主要负责商品的买卖交易、市场治安的维护、马匹的定价等。明朝官员不但对马市进行统一的管理，还要对交易的物品抽税，如一匹马抽税银六钱，一张貂皮抽税银两分，一斤人参抽税银五分。在后期的马市贸易中，还存在着大量的牛和粮食的交易，根据学者分析，"明前期，女真在马市贸易中输出的商品以马匹为主；明中期，人参、貂皮等成为女真输出的重要商品；明后期，人参、貂皮等成为女真出售的主要

1 《明宜宗实录》卷八四，中华书局，2016 年。

商品"[1]，这在一定程度上反映出女真社会在这一时期生产生活方式上发生的变化。最初，马市规定："凡马到市官买之余，听诸人为市"[2]，这形容的是优先官方进行交易，其次再进行民间交易，而到了明朝后期，民间交易的范围不断扩大，已经远远超过马市的地域范围，经常有辽东地区的汉人越境采集貂皮、人参、林木、鱼鳞等货物，并直接与女真人进行交易。

辽东马市的盛衰兴废反映着明与女真双方关系的变化。女真各部相对于明朝来说生产力较为落后，所以对于马市贸易更为依赖，而明政府便可借此来对女真进行控制。正如明万历年间辽东御史刘台所言："约誓沿边备御官员，申以不易之期，示以一定之额，如期而至，查额而赏，序名而领，其听我约束，则循例敷恩。如动辄要求，则闭关谢绝。更令抚镇衙门，详细开载，某市月开几期，某市月用几数，某市大赏小赏几何，某市季羡岁羡几何。"[3]这一措施在明朝中前期效果较为明显，但到了明朝后期，随着女真实力的强大，马市的作用也随之减小，制约能力也逐渐减弱。加之，此时的马市官员及当地豪强时有损害女真人利益的行为，"广宁、开原、抚顺三马市，每遇夷人持马、貂诸物来市，被镇守等官及势家纵令头目、仆从减价贱市，十偿三四，夷人受其挫勒，折阅，积久怀怨殊深，往往犯边，多坐此故"，[4]这些都使得明朝末年马市地位的衰落。

辽东马市贸易的开辟，使东北地区各族人民之间的联系大大

1　林延清：《论明代辽东马市从官市到民市的转变》，《民族研究》1983年第4期。

2　《明宣宗实录》卷一一三，中华书局，2016年。

3　《明神宗实录》卷四十六，中华书局，2016年。

4　《明孝宗实录》卷一五四，中华书局，2016年。

加强，明与女真之间各自获得了生产生活资料，特别是对女真各部来说，大量农具、铁器等的输入，极大地促进了该地区的生产力发展水平，特别是各类铁器的输入，使女真人的冶炼技术得到了提高，为军事的发展提供了保证。另外，马市作为联系明与女真之间联系的桥梁，也有利于明朝东北边疆统治的安定。

2. 朝贡贸易

明朝政权在建立之初便与东北地区的女真民族产生了联系。永乐元年（1403年），明成祖遣使诏谕女真："朕命统承天位，天下一家，薄海内外，俱效职贡。近边将言尔诸酋长咸有归向之诚，朕用嘉之，特令百户裴牙失里，赍敕谕尔其各居边境，永安生业。商贾贸易，一从所便，欲来朝者，与使臣偕至。"[1] 从这条史料可以看出，明朝统治者对女真民族极为重视，希望与其发展贸易关系。在明朝政府的感召之下，不久，野人女真首领买里的平住就率众来朝并得到了明成祖的赏赐。紧接着，阿哈出、西阳哈、锁失哈等女真首领相继进京，明与女真间建立起了初步的联系。

随着明与女真关系的逐渐密切，女真各部来进行朝贡的人数和次数也迅速增加，仅就毛怜卫而言，永乐三年一次进京朝贡随行人员为64人，至洪熙元年达到了308人，数量增加了近五倍。据统计，永乐至宣德年间，女真各部进京朝贡的总人数可以达到3000至4000人。[2] 如此庞大而频繁的朝贡使团给明政府造成了很大的经济压力，不得不对朝贡加以限制，而明朝中期马市的开辟也使女真人有了更多与明朝进行经济贸易的手段。即便如此，直至后金建立之前，朝贡贸易仍然络绎不绝。

1　《明太宗实录》卷十四，中华书局，2016年。

2　蒋秀松：《明代女真的敕贡制》，《民族研究》1984年第4期。

最初的朝贡贸易路线有两条，一条是走水路，从辽东出发，浮海进入山东半岛，然后北上抵达北京。另一条是走陆路，出山海关到北京。明朝沿途设驿站进行接待。朝贡的物品有马、貂皮、鹰、猞猁狲、银鼠、海东青、兔鹘等，明朝对朝贡予以回赐，物品多为布匹、绢、衣物、银两和各种手工业品等，这其中被女真各部首领最重视的是官服。如弗提卫都督"奏讨冠带蟒衣。钦赐大帽一顶、金带一条。后又奏讨，特予蟒衣一件。建州左卫都督奏讨大帽金带、亦准予。嘉靖三年，毛怜卫都督奏讨大帽金带，查已授职三年准予。"[1]女真首领对明朝官服的重视实际上意味着其希望得到明政府的认可与支持。女真在朝贡过程中除了向明政府进献方物外，还会在京城进行民间贸易。

自万历朝之后，特别是后金政权的建立，朝贡贸易几近断绝，这主要是明与女真间的关系逐渐恶化的缘故。朝贡贸易的实行，不但使女真各部获得了发展所需的生产生活物品，加深了女真民族对中原文化的吸收，更重要的是使明与女真之间维持了相对和平的环境，使东北地区的经济文化得到了进一步的发展。

三、因袭汉策

女真作为东北边境的少数民族，一直以来在经济上以渔猎为生，在社会形态上仍是以氏族制为主，随着女真的逐渐强大，原有的政治制度已经开始制约女真的发展，为此，在皇太极继位之后，在政治层面上进行了重大的改革，吸收借鉴了中原王朝的统治经验。

1　《大明会典》卷一百十一，广陵书社，2007年。

首先，仿照中原王朝建立了一系列中央统治机构。努尔哈赤时曾设书房作为起草文书、翻译典籍的机构。后金天聪三年（1629年），皇太极命达海、刚林、苏开、顾尔马浑等人翻译汉文书籍，库尔缠、吴巴什、查素喀、胡球等人记录当朝政事。天聪六年（1632年），正式将书房改为文馆，这一机构的设置成为后金中央政治转向汉化的初始。天聪十年（1636年），又将文馆分为：内国史院、内秘书院、内弘文院，简称内三院，是辅助皇帝处理政务的枢要机构，也是清朝内阁的前身。同时仿照中原王朝，后金又在天聪五年（1631年）设吏、户、礼、兵、刑、工六部，在崇德元年设立都察院，以及后来设置处理民族事务的理藩院。这一整套中央机构的设置，使女真的政权组织形式形成制度化和常设化。

其次，加大汉族官员的选用和重视文人的选拔。后金统治者为了吸收更多的人才加入后金，非常重视汉族官僚的任用，从辽东汉民和归降人员中提拔和选用了大量的汉族官僚。如范文程原为赏赐八旗兵的降民，后来成为努尔哈赤重要的智囊，清初所立的大部分规制均是出自其手。另外，如宁完我原为辽阳边民，归附后金后隶汉军八旗，历任内弘文院大学士、议政大臣兼太子太傅。即使如洪承畴等曾与后金有过激烈交战的降将也被委以重用，这都体现了后金开国之时对人才的厚待。为了更大规模地选拔人才，天聪三年（1629年），后金首次实行开科取士，通过考试取中200名汉族文人。

四、相互移居

自明朝永乐年间，就有诸多女真人移居关内，明政府对此采取积极的措施。永乐六年（1408 年）明成祖认为建州等卫女真人"来朝者多愿留居京师"，但认为京师较之东北炎热，不宜居住，因此"特命于开原置快活、自在二城居之"。[1] 当年五月，明政府即在辽东的自在、快活二城设自在、安乐二州，每州置知州、同知、判定各一员，吏目一员。自在、安乐二州的设立主要是为了安置归附的女真人。这部分女真人的来源主要有三部分，一是自原居于北京而迁到此处的，二是从奴儿干等地内迁的女真人，三是从建州诸卫归附之人。

对于这些女真人明政府均能给予较好的安置，提供如房屋、耕地、粮食、农具、牛马等各种生产生活工具。这些女真人也就成为了明代辽东各卫所的属民，到明朝中期，归附的女真人已占辽东地区居民的十分之三。

在关内其他地区也有部分女真人居住。宣德二年（1427 年），建州卫桑果奴进京，表示愿意在北京居住，宣德八年（1433 年），建州左卫女真首领早哈进京，明宣宗均赐予丝绸、布匹、钱币、房屋等并获准留京效力。洪熙元年（1425 年），弗提卫首领罕帖木儿率其家属及部属共计五百七十二人进京，明朝均赐予物资给予优待。景泰五年（1454 年）七月，开原女真歹速来归，迁往南京居住，成化二年（1466 年），女真首领张额及其部属被安置在两广和福建地区。

除女真内附明朝外，移居女真的汉人数量则更大。明朝初年，辽东都指挥刘清率部在船厂（今吉林省吉林市）造船，然后溯松花江而上进入奴儿干地区，由于当地生活环境艰苦且军役繁重，一些士兵相继逃散，隐匿于当地女真人之中。另外还有由

1　《明太宗实录》卷五十六，中华书局，2016 年。

于生活所迫由内地迁往女真地区的流民，以及被女真所掳的汉民。这些人的数量逐渐增多，到嘉靖年间，已有汉民村落在女真境内出现。

汉民与女真人的交错杂居，促进了双方经济文化的交流，增进了相互之间的了解，特别是汉民的到来为明代辽东地区的开发作出了重要贡献。

五、文化交流

明与女真间在经济上的密切交往也带来了双方在文化上的交流与相互影响。

在明初永乐五年（1407 年）即设"四夷馆"，用以培养专门的翻译人才，因为明朝与女真间的交往比较密切，所以在"四夷馆"中就设有"女真馆"。先后有徐鉴、李铎、杨绂、王宝、鲍谊等十四名教师在女真馆中供职。进入馆中的学生须参加考试，考试的内容有汉文数字，考试合格后则入馆学习女真文，具体为汉语和女真语的对译语汇及女真进贡时的表文。入馆之后还要每天抽查学习情况，每月进行考试。学习时间一般为一到三年。通过这些都可说明当时明朝政府对于女真语言和文字的重视。目前东洋文库版的《华夷译语》中就存有女真向明朝贡的表文 29 篇，这些表文可能就出自女真馆人之手。[1] 在民间，很多逃难和被劫掠的汉人由于在女真地区长期居住，也开始使用女真语，如朝鲜永安道观察使就曾发现，在当地的金班老等二十一名汉人已经不懂汉语。通过与明朝的长期交往，部分女真人也开始掌握汉语并学习汉族文化。如万历年间建州女真头领，努尔哈赤的外祖父王杲便通汉语，而努尔哈赤更是通汉语且喜读三国，可见其有相当高的汉文造诣。

语言文字间的相互学习使明与女真的交流更加广泛和深入，促进了双方文化间的交流。

女真对汉族的生产技艺也多有学习和借鉴。在流入女真地区的汉人当中有很多手工业者，他们将汉族先进的工艺也带到了这一地区。如赫图阿拉老城、沈阳故宫、特林的永宁寺都是这些能工巧匠建造起来的中原式建筑。

另外，明朝时期女真和汉族之间的通婚现象也多有出现。明朝初年，辽东女真族的著名首领阿哈出便将自己女儿进贡给明成祖为妃。在民间两个民族间的通婚则更为普遍，这种情况在朝鲜的史书《李朝实录》中多有记载。

下编　大漠南北论古今
——清代时期的蒙古

一、满蒙通婚

清朝时期，满族统治者极其重视与蒙古封建王公建立联姻，通过联姻，试图拉拢有影响力的蒙古封建主，巩固其统治地位。因此，满蒙联姻成为清朝统治者长期坚持和实行的重要政治手段。满蒙联姻大约延续了 300 年之久，次数多达 581 次。清朝入关前主要与科尔沁和内喀尔喀五部等满族人居住地接壤的蒙古部落建立联姻关系。如：1612 年，努尔哈赤娶了科尔沁明安台吉的女儿。1614 年，喀尔喀扎鲁特部的内齐汗将其妹嫁予努尔哈赤第五子莽古尔泰。

其中，蒙古翁牛特部与满族上层联姻最早始于天聪六年（1632年或之前），当时左翼的扎萨克多罗达尔汉岱青之女嫁给饶余敏郡王阿巴泰之子岳乐，成为了翁牛特部贵族与清朝皇室联姻的开端。顺治朝有两次婚姻，顺治二年（1645 年）十一月，努尔哈赤十二子英亲王阿济格第五子罗沁娶了翁牛特部贵族之女，次年（1646 年）英亲王阿济格第四女下嫁逊杜棱之孙，当时的扎

萨克杜棱郡王博多和。据皇族族谱玉牒等文献记载，康熙十四年
（1675年）布尔尼之乱后，"此女为国勤劳可嘉，封郡主"。[1]
康熙四十六年（1707年）十月，公主去世后皇帝"遣翰林院掌
院学士揆叙一等侍卫隆科多至翁牛特多罗杜楞郡王额驸苍津祖母
郡主墓前奠酒"[2]（今内蒙古赤峰市松山区）对公主坟进行祭祀。
当时朝廷对这位公主这么重视其目的很明显，有给后人宣传或树
立典范的意义。有档案记载朝廷册封公主为君主格格的理由或其
功、德、孝等内容。

　　档案内容："ongniɣud-un ǰasag türü yin dügüreng giyün
wang budajab. qosiɣun -nu hereg-yi tusalan ilagči ulus-un tü siye
güng günggerabdan. tusalagči ted jerke taiji yümjab dan-nu bičig
ɣadagadü monqol -un türü yi ǰasaqu yabudal -un yam-un dur
ergü be.ulus -un sudur šasdir bičig dur oruqulqu. čirng-un kereg dur
ǰudküjü yabugsan. Güng ɣabiya-yi baičaɣaǰu metegülkü -yin učir
yeke ǰurɣan eče dusiyasan i kičiyen taqaju. Bide man-u qosiɣun-u
dotur kinan todurqailan baičaɣabasu.ǰasah-un türü yin tügüreng
kiyün wang agsan anda učir -un eke gege dur dekerečn qairalagsan
če bičig -un dotur kü wangdi-yin ǰarlig. tülkin erdem-inu ker
yi ǰokilduqulqu kuuli-yi iledkebesu salburi tegri-yin ondurqal-i
kündüdgemoi.yeke ksing -yer ulus-dur judqugsen ači dur
qariɣulbasu aldar bilig-un eye-yi iledgemoi, ɣaiqamsigdu erqumǰi-ki
kürdek ulkü bulbasu yosudu debel ǰiči gereldeye bulumu,ongniɣud-
un tügüreng kiyün wang -un eke abakai či baɣatur wang-un

1　《玉牒》28号，第8页，中国第一历史档案馆。
2　《清圣祖实录》卷二百三十一，康熙四十六年十月辛巳条。

ü kin γadaadu dur kad-un bulǰu, toduadu keb yosun-i iǰiur eče
bulbasuraluqa, aγula m ü ren-i qara ü alǰan t ü simel-un yos-un i
g ü č ü leǰ ü k ü beg ü d dur-yen kičiyen ǰidg ü k ü i-ki sur ü aba,
odon naran-i ǰaγan γagča čing ü nen-i siγudju sedkel-yen teg ü sgen
k ü čulen ǰidk ü be, gung-yi baiγulugsen-nu tul, ü gedegsi čul-ber
erg ü besu ǰokimu, teg ü ber čimayi ǰasah-un abaqai bolγan erg ü ǰ ü
če bičig soyorqaba。Aya ekenir -un yosun-i k ü čulen uridu-yi
ǰalγamjilaju, t ü siye tulγa idekel-i masi eg ü ride bulqa eke-yin keb
yosun-i baiγul-un qoidus-i badarγulju, k ü bek ü n ači nar-dur-yen
buyan ksig-yi k ü rdek ü l, qubi d ü keb yos-un-i bu usulde ü lemji
buyan ksig ki k ü rdek ü l, qubi keb yosun-i bu osulda ü lemji buyan
kesig-i maqad-eyr k ü liyegd ü n kičiye.Engke amuγulang-un arban
d ü rbetuker on ebul-un teriγ ü n sara-yin sinin qoyar-a kemejuk ü i,
eimu-yin dul qušu gege-dur qairalagsan če bičie -un doturaki
ǰarlig-i m ü nk ü yosuγar bičiǰu, ǰurγan-dur medeq ü lur erk ü be,
quyuqu -anu baičaγan ü ǰiked, ulamǰilan yabuγulbasu ǰukiqu bolbasu
yabuqulqu aǰiyamu kemen eg ü nu tul ǰasah-un tamaγa tarugsan bičig
kiǰu erk ü n bariba。Tengr-yin tedk ü gsen-nu γučin nikeduker-on
ebul-un terig ü n sara-yin arban-a." [1]

译文：翁牛特扎萨克多罗杜棱郡王布达札布、旗辅国公恭格
喇布坦、二等台吉云木扎布等呈理藩院文，以军功载入史册之事，
伏查理藩院来文，内开，查案上赐扎萨克多罗杜棱郡王安达鄂齐
尔之母敕文如下：

圣旨，以德协族，崇敬天意，造福百姓，名声万流。若有尊号，

---

1 赤峰市档案馆藏档案，全宗号 1，目录号 1，卷号 192，件号 1，页数 1。

礼衣更为闪烁。翁牛特扎萨克多罗杜棱郡王母、格格，汝为巴图鲁王之女，外称福晋，在内练孝道，顾江山，尊君臣之道，育子有方，一心崇上天地。功德无量，应封尊号。今特封汝为扎萨克（郡主）格格，颁赐册文。奉妇道，承前辈，立诚信，成寄托，慈母荣誉垂于后世，勿负朕重托之心，永享福贵。康熙十四年十月初。为此，特抄写赐给和硕格格的文（内容），呈上理藩院，请查办后，若转奏得当，转奏。为此，特呈上扎萨克印文。乾隆三十一年十月十日。

在《清朝内阁蒙古堂档案》中有一份与上述档案相似的档案，标题为："翁牛特杜棱郡王之母授为郡主"。从内容上看，该文书的前一部分为上述档案的抄本，即康熙十四年所下达之文内容。由此可知，该格格在康熙十四年被封为郡主，其后在乾隆三十一年被追封为"和硕格格"。其实"郡主"和"和硕格格"是一个等级的不同称法。

在《清朝内阁蒙古堂档案》中未详明被封的格格到底是哪位，但上述档案中明确指出该格格是扎萨克多罗郡王博多的妻子，次子鄂齐尔。毕里衮达赉与鄂齐尔亦是该格格所生亲兄弟。这位格格做过何等重要事件以至追封她为君主，甚至去世后朝廷派重臣来对她进行祭祀。这与当时的社会背景及发生的社会事件应有关联。

康熙十四年（1675 年）三月，驻牧在义州边外的察哈尔部布尔尼[1]亲王和其弟罗不藏台吉对朝廷不满策划事变，定于三月二十五日起事，不料这一计划被布尔尼的福晋（端重亲王博洛第

---

1 天聪十年（1636 年）皇太极将自己的次女玛喀塔格格下嫁给额哲，崇德六年（1641 年）额哲死后，按"兄亡其嫂易嫁小叔"的习俗，将这位公主又嫁给其弟弟阿布奈。公主与阿什奈婚后生布尔尼、罗不藏二子。

九女）发觉。福晋暗中派其弟阿济根驰锦州并密告于朝廷。清政府得知后为了进一步探究此事的真伪，派侍卫色楞前往义州，"遍召巴林王鄂齐尔兄弟、翁牛特王杜楞兄弟、及布尔尼、罗不藏、俱入京师。已而诸王皆至、唯布尔尼兄弟不来。"[1]。此处说的翁牛特王杜棱兄弟指的是毕哩衮达赍、鄂齐尔兄弟。原因为毕哩衮达赍在顺治十八年（1661 年）承袭扎萨克多罗杜棱郡王，康熙三十一年（1692 年）去世。康熙十四年（1675 年），正当任职期间。是年四月，布尔尼叛乱，翁牛特杜棱郡王毕哩衮达赍、杜棱达尔汉贝勒叟塞等参加了镇压该叛乱的军事行动。从以上可知英亲王阿济格第四女之子毕哩衮达赍、鄂齐尔在镇压布尔尼事件时为朝廷出过力。这是该格格被封为郡主的主要原因。此与档案所记"翁牛特扎萨克多罗杜棱郡王母、格格，汝为巴图鲁王之女，外称福晋，在内练孝道，顾江山，尊君臣之道，育子有方，一心崇上天地。"等内容相吻合。

康熙时期，翁牛特部与清廷的联姻更为频繁，康熙四十五年（1706 年），皇帝将第十三女和硕温恪公主（亦称八公主）嫁与翁牛特右翼旗扎萨克多罗杜棱郡王苍津。据《清实录》记载，该公主生于康熙二十五年（1686 年），康熙四十五年（1706 年）二十岁时下嫁翁牛特右翼旗多罗杜棱郡王苍津。生活了三年，于康熙四十八年（1709 年）病故。当初康熙皇帝极其重视此次婚姻。公主离开京师时皇帝亲自送女上路，并派出关、杨、贾、赵、董、王、石、刘等八姓氏民人作为公主的随从。其中董、王、石、刘

---

1 《清圣祖实录》卷五十三，康熙十四年三月丁亥条。

四姓留在隆化县皇姑屯，"做京都接济供养的转运站"[1]等事项服务，而关、杨、贾、赵四氏跟随公主到公主府。其实较早时康熙皇帝到木兰秋狝之际，来过翁牛特右翼旗牧地，并在翁牛特右翼旗牧地，也就是今天的赤峰市松山区大庙镇英格河（今英金河）北岸查干套鲁盖地为公主建了宫殿。公主下嫁后，康熙皇帝还亲手写下"华丽之容颜""三神同照塔布囊府，五福在于玉叶门"这样的诗句，表达了康熙皇帝对远嫁公主的期望和对其未来幸福的祈祷。苍津为迎娶公主修建宫殿时又建了一处寺庙，康熙皇帝为其赐名并赏赐《甘珠尔》和《丹珠尔》等经书。公主去世后把宫殿改为陵墓，公主随从者成为守陵者，其后代至今仍居住于公主陵村。康熙皇帝为公主立碑，并亲自撰写碑记，墓志铭"和硕温恪公主墓志"字，碑额刻篆的"贞洁流芳"等字也是康熙帝亲笔题写的。康熙五十五年（1716年）三月，康熙皇帝将兄长裕亲王福全的第六女指嫁与翁牛特部的郡王苍津。苍津身份显赫加之深受朝廷宠爱，结果雍正五年（1727年）"以擅请准噶尔使人入藏煎茶罪论削爵"[2]，被革职后，其叔叔鄂齐尔继承爵位。

那么康熙皇帝为何如此重视与苍津的联姻呢？主要是与他的特殊身份有关，之前提到郡王苍津是博多和与郡主所生毕哩衮达赉的次子。父亲毕哩衮达赉有功于清廷，地位极其显赫，作为其子苍津当然承袭其父之名誉。还有一个重要原因是在康熙执政的中晚期，接连爆发的三藩之乱、布尔尼之乱和噶尔丹叛乱对清朝的统一和政治稳定产生了重大影响。尤其是北疆、青藏地区、西

<hr />

1　董海海：《和硕温恪公主》，《赤峰市郊区文史资料》第一辑，中国人民政治协商会议赤峰市郊区委员会文史资料工作委员会，1988年。

2　《钦定外藩蒙古回部王公表传》卷三十一，翁牛特部总传，文渊阁四库全书本。

蒙古问题更为复杂，康熙皇帝有必要拉拢蒙古王公上层人物、稳定边疆地区的局势或为政治的大统一服务。例如，康熙二十九年（1690 年），苍津父翁牛特多罗杜棱郡王毕哩衮达赉率所属两翁牛特部军队 800 人，参加了抗击噶尔丹叛军的乌尔会河之战。康熙末年，在征伐以策妄阿拉布坦为首的准噶尔部时，清朝政府一方面派遣军队驻守阿尔泰等地，另一方面向西南方向进军将准噶尔军赶出西藏。对于此战，康熙皇帝曾言："蒙古王、额驸参战者甚多，且有些王公、额驸主动要求参战"[1]。由于这一原因翁牛特多罗杜棱郡王苍津曾经也受过嘉赏。

到康熙朝末期或雍正朝时期，满族上层之间或贵族及皇室贵族间联姻过于频繁，为防止皇族过多，近亲繁殖，乾隆时期，便加强了对蒙古诸部的联姻，制定了将公主下嫁蒙古王公贵族的规定。乾隆以后的翁牛特部与满族贵族间的联姻主要是康熙帝兄长额勒博克亲王（裕亲王）福全之宗室之间进行。

乾隆七年（1742 年），翁牛特部二等台吉策布登向额勒博克亲王（裕亲王）保泰（福全三子）的十四女求婚。乾隆二十一年（1756 年），四等台吉车凌扎卜与和硕额勒博克亲王保泰子广英之第九女联姻。又有，翁牛特部四等台吉林卜丹与广英第十女联姻。

档案记载："ongniɣud ǰasaɣ-un türü-yin tügüreng kiyun wang budaǰab, kosiɣun-nu kereg-i tusalan ilaɣči ulus-un tü siye güng günggerebden, tusalagči dede ǰerke taiǰi yümüǰab tan-nu bičig, ɣadaɣadu mongɣol-un türü-yi ǰasaqu yabudal-un yamon-dur ergübe, medegülküyin učir man-nu kosiɣun-nu efü agsan sangǰin-nu kerkei qušui gege-yin barigsan bičig-

1　《康熙朝满文朱批奏折全译》，第 1667 页，第 4145 号折。

dur, minu kübegün tusalagči dede ǰerke-yin taiǰi yümüǰab-un aqamad kübegün čerenǰab-tur qušui elkiyen čin wang guwagl ü-yin aqa wang agsan quwang ning-un yisüdüger ökin-i oruγlagsan bile, basa minu törül-un tödüker ǰerke taiǰi kidunaǰab-yin aqamud kübegün rabdan-dur münkü wang agsan guwanging-un arbaduγar ökin-i oruγlaγsan bile, egün-i ene ǰilün ebülün segül sara-dur boγdalaqu tul γuyuqu anu, gege minu beye neislel qotan-dur odču, buγda eǰen-nu amuγulang-yi eriǰü, ǰiči qurim-un ǰuil-un yaγuman-yi beledkeye, oldabasu ǰasa-un γaǰar-eče ulam ǰilan medegülkü aǰiyamu kemeǰüküi, eimü-yin tula gege-yin γuyuγsan yabudal-i γarγaǰu, yeke ǰurγan-tur medegülüre ergübe, ǰurγan-eče kerkibečü sidkegsen yabudal-i qoisi ǰiγaqu aǰiyamu kemen egünu tula ergübe. Tengri-yin tedgügsen-nu qurin quyaduγar on namur segül sara-yin qorin tabun"[1]

译文：关"翁牛特扎萨克多罗杜棱郡王博达扎布，协理旗务辅国公恭格喇布坦，协理台吉云木扎布等呈理藩院文。本旗额驸苍津夫人和硕格格所呈报之事，内开，吾子协理台吉云木扎布长子车凌扎卜与广英之第九女订婚，吾宗室四等台吉根顿拉扎布之长子林卜丹与广英之第十女订婚。此事于本年冬末月内完婚，故恳请吾等前去京师，觐见皇上并欲备办婚事，文到，恳请扎萨克处将此上报于院，等因前来。为此，将此上报理藩院。乾隆二十二年秋末月二十五日。"

根据上述文段可知，齐林扎布是乾隆五十五年与翁牛特杜棱

---

1 赤峰市档案馆藏档案，全宗号 1，目录号 1，卷号 250，件号 7，页数 1。

郡王苍津再次成婚的额勒博克亲王福全的第六格格之孙，其父亲为旗协理云木扎布。不过齐林扎布所娶格格在乾隆三十二年十一月十三日之夜病逝。林卜丹（拉布坦）的身份不明确，但为翁牛特王氏后裔是无疑。

从上述文段还可知，此格格为额勒博克（裕亲王）广禄之姑母，广禄为福全之孙，父亲为保绥（福全第五子）"雍正四年，袭裕亲王，乾隆五十年，薨，谥曰庄"[1]

翁牛特二等台吉策布登之子班珠尔于乾隆二十一年求婚额勒博克亲王广禄之第八女。除此之外，在赤峰市档案馆留存有一份翁牛特部在乾隆三十二年始至四十一年止十年中与六位格格联姻的档案。

档案记载："……tus kosiγun-nu beise agsan baldan tegünü quyaduγar kü begünt tümen bayan-dur qosiγun-nu beise quwang king-un quyaduγar kü beγün sula ugsaγa bölüge yung pe-yin qoyaduγar kü ken ǰerge ügüi gege-yi urug bolǰü γuyugsan yabudal-i ugsaγa-yi ǰakirugci yamun-ece tengri-yin tedgügsen-nu γucin γurbaduγar on ebulün terigün sarain qorin naimana sunusqan ailadkagsan-dur……gege-ji tümen bayan-dur ba γaǰu qobuǰqui……

man-nu qosiγun-nu türbedüker ǰerke -yin taiǰi čaraiǰab tegünüu beye-dur qušui elkiyen čin wang γü wanglü -yin aqa wang agsan γöwening-un aqamad kübegün γutaar ǰerge kiya-dur agsan čengyüng-un qoyadukar kü ken ǰerke ügüi gege-yi urug bolǰü γuyugsan yabudal-i ugsaγa-yi ǰakirugči yamun-eče…sonuskan ailadkagsan-dur……ǰarlig medebe kemegsen-i……gege-yičaraiǰab-

1　《清史稿》卷一六三，表三，皇子世表三。

dur qolbuǰuqui······man-nu qosiɣun-nu ǰasag t ü r ü -yin t ü g ü reng ǰ ü y ü n wang budaǰab teg ü nu beye-dur, qosiɣun-nu beise qung king -un ü yelid k ü beg ü n qoyaduɣar ǰerke-yin kiya ugsaɣa y ü ng boo-yin yeke k ü ken ǰerke ü g ü i gege-yi urug bulǰ ü ɣuyugsan yabudal-i ugsaɣa-yi ǰakirugči yamun -ece······sonuskan ailadkagsan-dur······ ǰarlig medebe kemegsen-i······tengri tedk ü gči ɣučin t ü rbed ü ker on······gege-yi budaǰab-dur qolbuǰuqui ······

basa baičaɣabasu tengri tedg ü ggsen-nu qučin d ü rbed ü ker on-nu qaburun terig ü n sarain sinein d ü rbene ef ü ǰaqaqui-dur ǰarlig t ü meqongk ü namkiyan čin wang-un qoyatuɣar k ü beg ü n qušui t ü menusu čin wang-un arban niged ü ger ökin gege-yi ongniɣud-un ǰerge oloɣadui taiǰi engkemend ü -du ǰiɣadun kemen k ü rču iregsen-i kiciyengg ü ilen taɣaǰ ü ······ tengri tedg ü ggsen-nu qučin ǰirɣuduɣar un-nu qaburun seg ü l sarain sine-yin naimana g ü ng-un okin ǰerke gege-yi engkemend ü -dur qolbuǰuqui······tengri tedg ü ggsen-nu ɣučin t ü rbeduker on-nu qaburun terig ü n sarain turbine ef ü ǰi ɣaqui-dur ǰarlig urg ü n erdem ü ngke čin wang-un tolodo ɣar k ü beg ü n qušui erg ü n čin wang-un t ü rbed ü ger ökin gege-yi ongniɣud-un ǰerke oloɣadoi taiǰi manduqu naran-dur ǰiɣaɣtun kemen k ü rč ü iregsen-i kičiyangg ü ilen daɣaǰu tedg ü ggsen-nu ɣučin naimaduɣar un eb ü l ü n terig ü n sarain sinein jirɣuɣana g ü ng-un okin ǰerke gege-yi ef ü taiǰi manduqu naran-dur qolbuǰuqui······

basa baičaɣabasu ongniɣud-un t ü t ü ker ǰerke taiǰi bindada teg ü n ü beye-d ü qusui elbeg čin wang guwangl ü -yin dolodokar k ü beg ü n ulus-dur tusalagči ǰangkin b ü ged terig ü n ǰerke aduɣu-

yin kiya aγsan liyangyi–yin t ü rbed ü ker öikin sula gege–yi urug bolǰu
γuyuγsan yabudal–yi uγsa γ a–yi ǰakiruγči yamun –eče tengri–yin
tedg ü gsen–nu t ü čin niged ü ker on–nu ǰun–nu seg ü l sarain sine–
yin qoyar–a sonosγan ailadγaγsan–dur.ǰarlig medebe kemegsen.kemen
ǰurγan–eče bičig k ü rč ü ireǰ ü k ü i.ed ü ge ene gege–ji taiǰi bindada–dur
baγulγaǰu qoboγadui……" [1]

译文：

"本旗贝色巴拉丹次子图（吐）们柏彦与和硕贝色弘景之次
子宗室臣永珀之次女无爵位求婚一事宗人府奏闻……准……乾隆
三十三年冬初月二十八日，格格下嫁图们柏彦……

本旗二等台吉齐林扎布与裕亲王广禄之兄王广英长子三等侍
卫诚勇第二女订求婚之事宗人府奏闻……准……乾隆三十四年冬
初月十一日格格下嫁齐林扎布……本旗札萨克多罗郡王博达扎布
与和硕贝色弘景侄子二等侍卫永璞长女求婚之事宗人府奏闻……
准……乾隆三十四年冬初月十六日格格下嫁翁牛特部郡王博达扎
布……

查案乾隆三十四年春初月初四日备指额驸时奉旨恒亲王弘晊
第十一女与翁牛特无爵位台吉恩克们都订亲……乾隆三十六年春
三月初八日郡主格格下嫁恩克们都。

乾隆三十四年春一月初四备指额驸时奉旨怡亲王七子和硕怡
亲王第四女与翁牛特台吉满都护那拉定亲。乾隆三十八年冬一月
初六郡主格格下嫁满都护那拉……

又查案，翁牛特四等台吉班迪达与和硕裕亲王广禄第七子辅
国将军头等牧长亮智之四女订婚之事宗人府奏闻，谕旨已知等理

1　赤峰市档案馆藏档案，全宗号 1，目录号 1，卷号 250，件号 1，页数 7。

藩院来文，今本格格与班迪达未尚婚……"

上文中记录了乾隆年间下嫁翁牛特部的公主和格格。

第一为图（吐）们柏彦与永珀次女之婚。图（吐）们柏彦为翁牛特右翼旗第五代贝勒。永珀为弘景子"固山贝子弘景子永珀为二等奉国将军。"[1]

第二为二等台吉齐林扎布与诚勇第二女之婚。齐林扎布为翁牛特右旗王氏后裔，其父亲为旗协理尤穆扎布，父子二人都曾为郡王布达扎布任旗协理。和硕裕亲王广禄曾任镶黄旗汉军都统，其子广英任防御一职。

第三为博达扎布与永璞长女之婚。博达扎布为翁牛特右翼旗第七任郡王。博达扎布与前面所提到的图们柏彦为亲兄弟。"侍卫宗室臣永璞，爱笑爱语近御床。"[2]

第四为翁牛特台吉恩克们都与恒亲王弘晊第十一女的婚姻。恩克们都的父亲为二等台吉名为色布登道尔吉[3]。"弘晊，允祺第二子。雍正三年封辅国公。五年晋镇国公。十年袭恒亲王。乾隆四十年，卒，谥曰恪。"[4]

第五为吉满都护那拉与怡亲王弘晓第四女郡主的婚姻。在《玉牒》中将此次联姻的时间写为乾隆三年四月，有误，应为乾隆三十四年。[5]弘晓允祥第七子，雍正八年，袭怡亲王。[6]其父亲允祥为圣祖康熙十三弟，世宗时期封为怡亲王。

---

1 《清高宗实录》卷三百五十五，乾隆十四年十二月癸巳条。

2 《清高宗实录》卷二百七十三，乾隆十一年八月庚寅条。

3 赤峰市档案馆藏档案，全宗号1，目录号1，卷号250，件号3，页数1。

4 《清史稿》卷一百六十四，表四，皇子世表四。

5 杜家骥：《清朝满蒙联姻研究》，人民出版社，2003年，第80页。

6 《清史稿》卷一百六十四，表四，皇子世表四。

第六为翁牛特四等台吉班迪达与辅国将军头等牧长亮智第四女的婚姻。亮智为和硕裕亲王广禄第七子，"乾隆二十一年，封一等辅国将军，三十八年，缘事革退。"[1]辅国将军在蒙文档案中写作"ulus-dur tusalagči ǰangkin"，头等牧长写作"terigün ǰerke aduu-yin kiya"。

自嘉庆、道光起，满蒙贵族联姻逐渐减少。据《玉牒》载，咸丰时期无满蒙联姻的记载，光绪五年和九年各有一次。那么，到了清朝末期这种联姻关系为何衰弱了呢？这与当时清朝的政策及蒙古社会有什么关系？

清朝末期，漠南诸部与清廷的联姻如下：嘉庆初期主要与科尔沁、喀喇沁、土默特等三部建立了联姻，嘉庆七年与敖汉、巴林部各有一次联姻。乾隆三十九年与奈曼部有过一次联姻，乾隆四十六年与翁牛特部有过一次联姻。针对这种情况，清廷从嘉庆二十二年始实行了"备指额驸"制。对此，光绪朝时编纂的《理藩院则例》中载："凡指额驸，行文科尔沁左翼中扎萨克达尔汗亲王旗，科尔沁右翼中扎萨克图什业图亲王旗，巴林右翼扎萨克郡王旗，喀喇沁右翼扎萨克都楞郡王旗，科尔沁左翼前扎萨克宾图郡王旗，科尔沁左翼后扎萨克博多勒噶台亲王旗，科尔沁右翼前扎萨克扎萨克图郡王旗，奈曼扎萨克达尔汉郡王旗，翁牛特右翼扎萨克都楞郡王旗，土默特扎萨克达尔汉贝勒旗，敖汉扎萨克郡王旗，喀喇沁中扎萨克头等塔布囊旗，喀喇沁左翼扎萨克头等塔布囊旗等十三旗。查取各该旗王、贝勒、贝子、公之嫡亲子弟、公主格格之子孙内，十五岁以上、二十岁以下，有聪明俊秀堪指额附之台吉、塔布囊，将衔名、年命注明，每年于十月内送院。

1　《清史稿》卷一百六十三，表三，皇子世表三。

此内如有患病残疾事故，由该扎萨克出具印结报院开除。其已开送职名人等，令其父兄于年节请安时，各带来京，备指额附。[1]

从上可知，这个"备指额驸"制度具有明显的政治性，该制度选择额驸的范围仅限于漠南蒙古的七部十三旗，每年年末各旗王公贵族内，十五岁以上，二十岁以下，聪明俊秀的台吉、塔布囊子弟进京，皇帝从中挑选额驸候选人。通过实行这种制度，清朝政府试图恢复与漠南蒙古各部的联姻，但这种制度未得到实际效果。

清廷与蒙古贵族的联姻衰退原因可以分析为两方面。从清廷来讲，到乾隆皇帝晚期时漠北及西北蒙古诸部已完全成为清朝的属民，清廷对边疆诸蒙古部落的统治已巩固，到了咸丰朝时期，这种联姻制度已不再是清廷所关注的重点。从蒙古方面来讲，正如罗布桑却丹所说："蒙古诸诺颜不想从北京娶格格，若娶格格，订婚费用极高，若将此费用分摊给全旗，全旗负担则愈加重，因此，贫困旗极不愿该旗扎萨克娶格格。以前正因蒙古王公娶格格而债务加重，为娶格格有卖旗地之例。起初蒙古王公娶格格正遇好时期。之后，满族官员心怀歹意，不想将格格嫁与蒙古王公，便伪称皇室远亲为格格嫁与蒙古王公。"罗布桑却丹所说的上述情况在一定程度上反映了当时社会的一面。正因为以上两种原因满蒙联姻到了清朝末期逐渐衰退，其中清廷与翁牛特部的联姻从康熙、乾隆朝的鼎盛时期之后开始步入衰退期。

翁牛特二旗中右翼旗在地势、河流、交通等条件上比左翼旗优越。首先，交通便利，这里紧挨着喀喇沁旗，离古北口近，几日里程便可走入关内。其次，发源于燕山山脉的锡伯河、半支箭河、英金河、舍路嘎河、昭苏河等河流在这里汇集，水源充足，土地

---

1 《钦定理藩部则例》，天津古籍出版社，1998年，第238—239页。

肥沃。最后，右翼旗是燕山山脉向辽河平原过渡的地带，地势平坦，便于垦种。

清代在翁牛特右翼旗的官仓就建在英金河、舍路嘎河、昭苏河的汇合处，蒙古语是"čidpulang"，因此得名"初头朗仓"（今赤峰市松山区初头朗镇）。

翁牛特等蒙旗于雍正年间开始放垦。朝廷从理藩院派五名章京分别在喀喇沁三旗、土默特二旗等靠关口近的蒙旗进行民人管理。后来民人逐年增多后，雍正元年（1723年）建立热河厅管理卓索图、昭乌达盟地区民人事宜。

乾隆五年（1740年）在喀喇沁左翼旗北部塔子沟地方建立塔子沟厅管理喀喇沁左旗、中旗及翁牛特二旗民人事宜。后来把敖汉旗民人事宜也纳入塔子沟厅管理。

乾隆十三年（1748年）"嗣后于翁牛特王旗下乌兰哈达地方，遣司管一人驻扎，令其将喀喇沁、翁牛特二王，喀喇沁扎萨克一旗，及翁牛特贝子、巴林、阿鲁科尔沁等处，凡有蒙古内地民人交涉事件，一并管理。"[1] "乌兰哈达"蒙古语是"ulaγan qada"，指当时翁牛特右翼旗境内一座山。因这座山的颜色为红色，所以称为"乌兰哈达"，之后，这名称演绎成为赤峰县的名称。

乾隆三十九年（1774年）建立了乌兰哈达厅。厅所在地在翁牛特右翼旗境内，英金河南岸。

乾隆四十三年"……喀喇河屯改为滦平县，八沟改为平泉州，四旗改为丰宁县，塔子沟改为建昌县，乌兰哈达改为赤峰县，三座塔改为朝阳县。"[2] 改乌兰哈达厅为赤峰县。

1　《钦定大清会典事例》卷九百七十八，理藩院，设官。

2　《钦定大清会典事例》卷二百六十二，户部。

雍正年间喀喇沁王向朝廷提议，在蒙旗居住的民人地区建立"乡""牌"等机构管理[1]。后民人人数逐年增多，乾隆十八年（1753年），"其蒙古地方敖汉、奈曼、翁牛特、土默特、各处流寓民人。附近归八沟、塔子沟等所管辖。亦设乡牌互相稽查。"[2]

嘉庆二十三年（1818年），"……蒙古地方寄居民人，择其良善者立为乡长、总甲、牌头，专司稽察；遇有踪迹可疑之人，报官究办，如有作奸犯科者将该乡长等一并治罪。"[3]嘉庆年间赤峰县境内设立乡村：

东大屯乡，乡所在地猴头沟，共有九村。

三眼井乡，乡所在地三眼井，共有十七村。

公家地乡，乡所在地太和昌，共有十九村。

步步屯乡，乡所在地水地，共有十一村。

桃来图乡，乡所在地桃来图，共有十村。

喇嘛栅子乡，乡所在地猴头沟，共有九村。

翁牛府乡，乡所在地老府，共有十四村。

公主陵乡，乡所在地大庙，共有十五村。

招苏乡，乡所在地官地，共有十四村。

道光五年（1825年）增加乌丹乡，乡所在地乌丹。道光十六年（1836年）红山嘴村和窑商村直辖村合并到步步屯乡。

光绪三十二年热河都统廷杰上奏："赤峰县人口逐年增多，土地广袤，商家繁华，应提升为直隶州"。于是户部议准光绪三十三年（1907年）年赤峰县被提升为赤峰州。"三十三年，

---

1 《喀喇沁和硕额驸派札付各札萨克的文书》，喀喇沁右翼旗档案，全宗号505，目录号1，卷号35。

2 《清高宗实录》卷四百三十，乾隆十八年正月戊辰条。

3 《钦定大清会典事例》卷九百九十三，理藩院，禁令。

升赤峰县为直隶州"[1]。州所在地乌兰哈达，辖属开鲁县和林西县。赤峰州成立之后把原来的乡、村改成"约"和"牌"，有三眼井约、大屯约、桃来图约、公家地约、招苏约、步步屯约、公主陵约、翁牛府约、喇嘛栅子约、乌丹约十约。约下设牌，共210牌。光绪三十四年（1908年）12月己未，热河都统廷杰奏称："赤峰直隶州所属之乌丹城，东连开鲁，西达林西，地处要冲，亟应扼要设官以资治理。查赤峰直隶州原有分防大庙县丞一缺，拟将该县城升直隶州判移往乌丹，于大庙地方改设巡检一员，分防驻扎。"经吏部议准，划定乌丹城州判分辖乌丹，招苏二约。

乾隆十二年（1747年），八沟以北及塔子沟通判所辖地方已有汉民垦户"二、三十万之多"。[2]

十三年（1748年），仅喀喇沁中旗一旗就有内地移民42924口[3]；四十七年（1782年），据官方统计，平泉州（喀喇沁右翼旗、喀喇沁中旗）有汉族移民29315户，154308口人；建昌县（喀喇沁左翼旗、敖汉旗）有23730户，99293口人；赤峰县（翁牛特左翼、右翼旗、巴林左翼、右翼旗）有6324户，22378口人；朝阳县有（土默特左、右旗、奈曼旗、喀尔喀左翼旗）15356户，61220口人。至道光七年（1827年），地方官再次进行统计，平泉州有内地移民20449户，158055口人；建昌县有31996户，163875口人；赤峰县有14999户，112604口人；朝阳县有31751户，77432口人。[4]除平泉州因辖区变动，户口数有所减少外，其余县均有增加。

1　《清史稿》卷五四，志第二九，地理一。

2　《清高宗实录》，乾隆十二年十二月己未，北京：中华书局，1994年。

3　《锦热蒙地调查报告》下卷，伪满地籍整理局，1937年。

4　海忠：《承德府志》卷二十三，台北：成文出版社，1968年。

下编　大漠南北论古今——清代时期的蒙古

清末满、蒙、汉多民族杂居和农牧混合生产方式的经营，打破了原有的以游牧为主的单一生产方式，另一面蒙古札萨克王管辖的苏木（佐领成员）为单位的单一蒙古族人口结构发生变化，开启真正意义上的多民族交流交往交融的进程。包括婚姻在内的，社会多方面的文化、人文交流迈向包容的方向。

二、驿站交通

清初，朝廷与漠南漠北蒙古各部间进行文书往来、信息交流、人员走动时没有固定的线路和机构。遇事后需临时派出使者或官员去执行任务。

随着漠南漠北统一，蒙古各部札萨克旗、总管旗等军政组织的建立，有固定的"驻牧地"、运行机制、管理组织，与朝廷的人员往来及文书多起来，需要建立顺畅、快速、安全的交通和信息机制。尤其平定噶尔丹叛乱之后对漠北及西北的有效控制，需要采取更有效的措施来管理这些地域。

康熙二十二年（1683年），"十一月，丁丑……理藩院题，古北口外鞍匠屯，西巴尔泰，喜峰口外王霸垓，三处，应添驿站。上曰，此等边外添设驿站，使内地百姓迁往，则安业之人，家口搬移，甚为苦累。见今出征兵带回之人，无田产间旷者甚多。此等人，宜安插于彼处驿站。其作何安插之处，再议以闻。寻议覆，每驿应设人丁五十名，管辖拨什库二名，马五十匹，牛车三十辆。此安插人丁，应令内务府派出。其官辖拨什库，亦令内务府派曾受贼伪职有妻奴之人，但远来入官穷丁，骤派安插，力量不给。

应给以房屋田地。其起程时，仍给与驿站，从之。"[1]

康熙二十九年（1690年）多伦会盟后，清朝对漠北及西北的统治得到了进一步加强。但这些地方属边陲地区路途遥远，交通、信息传播极其不便，给朝廷在军事、政治上实行长期有效的统治带来不便，于是康熙帝建立了通向这些地区的地方驿站。其作用和职能是保证京城与这些地区的军事通讯及时，物资快速运转。

康熙三十一年（1692年）三月丙辰，"内大臣阿尔迪、理藩院尚书班迪等，奉差往边外蒙古地方，五路设立驿站，请训旨。上曰：凡遇边外事务，皆用蒙古马匹，不但甚累蒙古，且恐事亦有误。今设立驿站，虽费用国帑，日后于蒙古裨益良多，亦不致迟延误事，最为紧要。特遣尔等料理，务加详慎，必将确然不易，可垂永久之策，筹划而行。"[2]

康熙三十一年，"……三月丙辰，遣内大臣阿尔迪、理藩院尚书班迪赴边外设立蒙古驿站。"

经过康熙的努力，设立了喜峰口道、古北口道、独石口道、张家口道、杀虎口道通往漠南漠北蒙古地区的五道驿站。每一道口的驿站走向不同，路径不同，目的地不同。每一道以若干驿、站、台组成，也称军台、驿站等。每站大小规模不同，有正站（大站）、腰站（小站）之别。

1. 喜峰口道

总管司设在喜峰口，今河北省唐山市迁西县滦阳镇潘家口水库所在地。"喜峰口管站司员所属喜峰、宽城汉站、浩沁塔宾格尔、克依斯呼、托郭图、伯尔克、黄郭图、沙尔诺尔、库库车勒、三音

1　《清圣祖实录》卷一一三，康熙二十二年十一月，丁丑条。
2　《清圣祖实录》卷一五四，康熙二十九年三月，丙辰条。

哈克、希纳郭勒、奎苏布拉克、博罗额尔济、诺木齐、哈沙图、阿勒坦克呼苏特依、伸堆、哈岱罕，共十八站"[1] 从京城皇华站到喜峰口设有八汉站，喜峰口到哈岱罕设十八蒙古站。

潞河站。康熙三十四年水路驿站合并后形成，今北京市通州区东关赵登禹大街 5 号院。皇华站距此站四十里。

三河站。河北省廊坊市管辖三河市境内。

渔阳站。天津市蓟县境内。

石门站。今河北省唐山市遵化市石门镇。

遵化站。河北省唐山市遵化市老城。

三屯营。河北省唐山市迁西县三屯营镇。以上是关内各汉站的位置。

浩沁塔宾格尔（和齐台品郭勒）站。《行记》："初六日，乙卯，涉宽河，越豹河崖，抵党坝。出大矶口，抵第一台，地名浩沁塔比格尔，译言'旧五十家子'，因台上有五十户蒙古也。台北有察汗城，即古会州城……"[2] 今河北省承德市平泉县南五十家子镇。

喀斯瑚。《行记》："初七日，丙辰，抵平泉州，译者益福兴从本台必齐克契也。自平泉迤北，山势平远，过卧龙岗、五虎马岭、黄土冈至第二台，地名克思呼，译言'越过'，以往者大风吹人，自山巅而过，故以名之。是日，行一百二十里。"清代地图记载"黑色谷"（hei sekū giyamun）[3]。清代喀喇沁右翼旗老哈河上游，今内蒙古赤峰市宁城县八里罕镇五十家子。

拖和图。《行记》记载道："初八日，丁巳，过旧青城涉巴

1　《钦定大清会典事例》（以下简称《会典》）卷九八二，理藩院，边务驿站。

2　麒庆撰：《奉使科尔沁行记》。忒莫勒 乌云格日勒主编：《中国边疆研究文库》北部边疆卷一，黑龙江教育出版社，2014 年。

3　《蒙古游牧图》，北京大学出版社，2014 年，第 22 页。

尔汗河，至故大宁城。城周二十余里，遗址尚存，为辽金中京大定府治。""涉老河，水极深广，几及马腹。蒙古谓之老哈穆楞……河北即第三台，地名拖和图。拖和，译言釜，以山形如覆釜也。自第一台至此，皆喀喇沁旗所管站。""是日，行一百四十里。"清代喀喇沁右翼旗老哈河下游"哈拉托果图"[1]，今辽宁省朝阳市建平县三家蒙古族乡五十家子村。

伯尔克：清代敖汉旗境内西南"柏尔格河"上游一带"柏尔格"[2]。《行记》中记载："初九日，戊午，过拖和图迤北诸山，抵噶海沟，达第四台，地名百尔克译言'难易之难'。台上章京言，驿路比年为水冲断，多所绕越，故尤为迂远。台属土默特旗。"今辽宁省朝阳市建平县北二十家子镇。

黄华图。清代敖汉旗境内有座明朝万历年间建的"万寿白塔"，蒙古语称"红果图塔"（qongqoto sobora），意为"有铃铛之塔"。今内蒙古赤峰市敖汉旗玛尼罕乡五十家子。

锡喇诺尔。《行记》中记载："十一日，庚申，行一百十里至第六台，地名沙拉诺尔，以地多沙，水色黄也。是台属敖罕旗，前阻沙山，后界老河。"

库库车勒，又称库呼车等。《行记》中记载："十二日，辛酉，循老河东南岸而行，丰草丛生，苍耳高至二尺许，山柳极多，深蔚无际。行百余里，抵第七台，属奈曼旗，地名库车尔，译言'二水交处'，以老河至此将与沙江合也。"清代奈曼旗境内"tabin sūme"（五十庙）一带[3]，今内蒙古通辽市奈曼旗苇莲苏乡五十家子。

1　《蒙古游牧图》，北京大学出版社，2014年，第22页。

2　《蒙古游牧图》，北京大学出版社，2014年，第22页。

3　昭乌达盟奈曼旗札萨克纪录多罗达尔罕郡王苏珠克图巴图尔游牧图。

三音哈格。《行记》中记载："十三日，壬戌，过老河，涉西拉木楞，志谓之潢河，土人称为沙江。""是日行一百三十余里，抵第八台，名三音哈噶，译言'好地面'，以其产碱甚厚也。是台经阿鲁克尔沁，为扎鲁特旗所属。"该地清代属阿鲁科尔沁绍根镇。

锡喇郭勒（希纳郭勒），为"新河"之意。《行记》中记载："十四日，癸亥，行一百里抵第九台。地名西那郭勒，译言'新河'，以其地今日积水成河也。台上蒙古为博多勒噶台亲王僧格林沁所属，已入科尔沁境矣。今内蒙古通辽市扎鲁特旗乌力吉木仁苏木太本庙。今内蒙古通辽市扎鲁特旗境内爱里营子。

奎素布托。《行记》中记载："十五日，壬子，行一百四十里抵第十台，为达尔罕亲王旗界地，名魁苏布拉克。魁苏译言'脐'，布拉克译言'泉水'，其地洼而多泉，故名。"今内蒙古通辽市扎鲁特旗境内鲁北镇东五十家子庙。

博罗阿布齐（博罗额尔济）。内蒙古科右中旗古路板镇五十家子。

诺木齐。内蒙古兴安盟突泉县太平乡五十家子。

哈沙图。内蒙古兴安盟科右前旗五十家子。

哈拉塔克洛素特。内蒙古兴安盟扎赉特旗图牧吉镇乌雅嘎查。"乌鸦"蒙语是"ūya"，拴马或歇马的意思。

珠特（仲特、珠克特依）站。今内蒙古扎赉特旗音德尔镇五家子村。音德尔镇五家户村。

哈达罕。黑龙江省齐齐哈尔市龙江县西南。

这些驿站经喀喇沁右翼旗、中旗、左翼旗，土默特右翼旗、左翼旗，喀尔喀左翼旗，敖汉旗，奈曼旗，札鲁特左翼旗、右翼旗，科尔沁左翼后旗、中旗、前旗、右翼中旗，郭尔罗斯后旗、前旗，科尔沁右翼前旗、后旗，扎赉特旗，杜尔伯特旗，共二十个旗。

2. 古北口道

总管司设在古北口，今北京市密云县古北口镇。

《会典》记载："除古北口至坡赖村内地所设五站外，设蒙古站十，曰默尔沟，曰锡尔哈，曰阿木沟，曰卓索，曰彻图巴，曰赖三呼都克，曰锡喇木伦，曰噶察克，海拉察克，曰阿鲁噶穆尔。"[1]从古北口到坡赖村设汉站五个，古北口到阿鲁噶穆尔设蒙古站十个，共十五站。

《会典》记载："自皇华驿至热河。共四百五十里。七十里至顺义县顺义驿。七十里至密云县密云驿。六十里至密云县石匣站。四十里至古北口。七十里至鞍匠屯站。由鞍匠屯站分道九十里至红旗营站。六十里至十八里台站。八十里至坡赖村站。一百二十里至默尔沟站。一百里至锡尔哈站。六十里至阿木沟站。七十里至卓索站。八十里至彻图巴站。八十里至拉苏特克站。四十里至锡喇木伦站。一百里至噶察克站。一百二十里至海拉察克站。六十里至阿鲁噶穆尔站。皆蒙古游牧地方。"[2]

顺义驿。今北京市顺义区。皇华驿距顺义驿七十里。

密云驿。今北京市密云区。顺义驿距密云驿七十里。

石匣站。今北京市密云区潮河边，密云驿距石匣站六十里。

古北口。今北京市密云区，石匣站距古北口四十里。

鞍匠屯站。今河北省承德市滦平县鞍匠镇。古北口距鞍匠屯站七十里。

红旗营站。今河北省承德市滦平县红旗镇。鞍匠屯站距红旗

---

1 《钦定大清会典事例》卷九百八十二，理藩院，边务驿站。

2 《钦定大清会典事例》卷六百八十八，兵部，邮政，驿程一。

营站分道九十里。

十八里台站（蒙古语意为"有泥潭"）。今河北省承德市隆化县韩麻营镇。红旗营站距十八里台站六十里。

坡赖村站。今河北省承德市围场县县城东南八公里。《扈从木兰行程日记》载："坡赖围，坡赖人名，昔尝居此，故名。"内蒙古大学金启孮教授译为"玩鹰犬"。[1]八十里至坡赖村站。

默尔沟站。乾隆四十六年"承德府属朝阳赤峰二县护解人犯道里遥远，并无墩拨兵丁，请于木匠营、两家营、梅伦沟、小庙子、平房儿、宫营子六处每岁安设马兵一名，守兵四名，在于河屯协左右两营及唐三营、八沟营内抽拨，并将木匠营两家营梅伦沟小庙子四处改隶赤峰县"[2]坡赖村站距默尔沟站一百二十里。

锡尔哈站。清代翁牛特右翼旗希尔哈河源头一带，北靠巴尔沟山。[3]今内蒙古赤峰市松山区老府镇五十家子村。默尔沟站至锡尔哈站一百里。十里至阿木沟站。七十里至卓索站。八十里至彻图巴站。八十里至拉苏特克站。四十里至锡喇木伦站。一百里至噶察克站。一百二十里至海拉察克站。六十里至阿鲁噶穆尔站。

阿木沟站。清代翁牛特右翼旗境内英金河支流有条河称"阿木依河"或"阿木河"，该驿站名由此而来。今内蒙古赤峰市松山区大庙镇所在地。

卓索站。清代翁牛特右翼旗境内卓索（昭苏）河上游一带，今内蒙古赤峰市松山区上官地镇驿马吐村。阿木沟站距卓索站七十里。

1 白文平编著，宪玉摄：《木兰围场研究》，九州出版社，2014年，第209页。

2 《清高宗实录》卷一千一百三十二，乾隆四十六年闰五月戊申条。

3 道光三十三年《翁牛特右翼旗图》。

彻图巴站。清代翁牛特左翼旗境内河边，今内蒙古赤峰市翁牛特旗亿合公镇北台子村。卓索站距彻多布站八十里。

赖三呼都克站。清代翁牛特左翼旗境内河边，今内蒙古赤峰市翁牛特旗五分地镇。彻图巴站距拉苏特克站八十里。

锡喇木伦站。今内蒙古赤峰市巴林右旗大板镇哈日毛都村老巴林桥东十多里。"桥以北均系巴林王境，无汉人村。过桥十余里，抵色拉木伦站。"[1] 赖三呼都克距锡喇木伦站四十里。

噶察克站。今内蒙古赤峰市巴林右旗查干沐沦苏木查干锡热嘎查查干沐沦河与昭苏太河汇合处。锡喇木伦站距噶察克站一百里。

海拉察克站。今内蒙古赤峰市林西县五十家子镇。噶察克站距海拉察克站一百二十里。

阿鲁噶穆尔。今内蒙古锡林郭勒盟西乌珠穆沁旗东南太本林场，海拉察克站距阿鲁噶木尔站六十里。

古北口驿站能达翁牛特右翼旗、左翼旗，扎鲁特左翼旗、右翼旗，巴林右翼旗、左翼旗，阿鲁科尔沁旗，乌珠穆沁右翼旗、左翼旗共九旗。

3. 独石口道

总管司设在独石口，位于今河北赤城县境内。

《会典》记载："独石口一道，除独石口内地所设一站外，设蒙古站，其第一站奎屯布拉克，在察哈尔境内；入内蒙古境者五站：曰额楞，曰额墨根，曰卓索图，曰锡林郭勒，曰瑚鲁图，达克什克腾旗。阿巴嘎右翼旗、左翼旗，阿巴哈纳尔右翼旗、左

1　文祥撰：《巴林纪程》，忒莫勒 乌云格日勒主编：《中国边疆研究文库》北部边疆卷一，黑龙江教育出版社，2014年。

下编　大漠南北论古今——清代时期的蒙古

翼旗。浩齐特右翼旗、左翼旗，凡七旗。"[1]

　　榆河驿。今北京市昌平区沙河镇，皇华站距榆河驿七十里。

　　居庸关站。今北京市昌平区南口镇，榆河驿距居庸关站六十里。

　　榆林站。今河北省张家口市怀来县东花园镇，居庸关站距榆林站六十里。

　　土木驿。今河北省张家口市怀来县土木镇，榆林站距土木驿六十里。

　　长安站。今河北省张家口市赤城县龙门所镇，土木驿距长安站六十里。

　　雕鹗堡。今河北省张家口市赤城县雕鹗镇，长安站距雕鹗堡六十里。

　　独石口。今河北省张家口市赤城县独石口镇，雕鹗堡距独石口六十里。

　　奎屯布拉克站。当时察哈尔总管旗境内，今内蒙古锡林郭勒盟正蓝旗上都河西。独石口距奎屯布拉克站一百二十里。

　　额楞。今内蒙古锡林郭勒盟正蓝旗桑根达来镇，奎屯布拉克站距额楞二百三十里。第三站默根，为今阿巴嘎旗查干淖尔镇的额默根特；第四站卓索图，即今阿巴嘎旗洪格尔高勒苏木的辉腾高勒；第五站锡林郭勒，是今锡林浩特市市区；第六站瑚鲁图，地处锡林郭勒河下游谷地，是口外六站中最北一站。

　　额墨根。今内蒙古锡林郭勒盟阿巴嘎旗，额楞到额墨根一百五十里。

　　卓索图。今内蒙古锡林郭勒盟阿巴嘎旗。

　　锡林郭勒。今内蒙古锡林郭勒盟锡林浩特市。

1　《钦定大清会典事例》卷九百八十二，理藩院，边务驿站。

瑚鲁图。今内蒙古锡林郭勒盟西乌珠穆沁旗吉仁高勒镇哈流图嘎查。

4. 张家口道

总管司设在张家口堡，其位置在今河北张家口市区。

"张家口一道，除张家口内地所设一站外，设蒙古站，是为阿尔泰军台，其第一站察汉托罗盖，以及第九站沁岱，皆在察哈尔境内，至第十九站奇拉伊木呼尔以下，已接喀尔喀境内。在内蒙古境者九站：曰乌兰哈达，曰奔巴图，曰锡喇哈达，曰布噜图，曰乌兰呼都克，曰察汉呼都克，曰锡喇木伦，曰鄂兰呼都克，曰吉斯洪夥尔。达四子部落旗，苏尼特右翼旗、左翼旗。喀尔喀右翼旗，茂明安旗。凡五旗。"[1]

"自皇华驿至张家口，共四百三十里，二百五十里至怀来县土木驿，六十里至宣化县鸡鸣驿，六十里至宣化府宣化驿。六十里至张家口。由张家口分道，六十里至万全县夏堡站，三十里至宣化府榆林堡站。

自皇华驿至乌里雅苏台，共四千九百六十里，四百三十里至张家口，六十里至察汉托罗台，五十里至布尔嘎素台，六十里至哈柳图台，四十里至鄂拉呼都克台，七十里至奎素图台，六十里至扎噶苏台，五十里至明爱台。五十里至察察尔图台。六十里至沁岱台。八十里至乌兰哈达台，七十里至布母巴图台，七十里至锡拉哈达台，五十里至布鲁图台，五十里至乌兰呼都克台。七十里至察哈呼都克台，四十里至锡拉木楞台，八十里至鄂兰呼都克台，六十里至吉思洪呼尔台。五十里至奇拉伊穆呼尔台。八十里至布笼台，六十里至苏吉布拉克台，五十里至托里布拉克台，

1　《钦定大清会典事例》卷九百八十二，理藩院，边务驿站。

七十里至图古里克台。"[1]

"张家口管站司员所属张家口汉站一，察罕托罗海、布尔哈苏台、哈留台、鄂罗依琥图克、奎苏图、扎哈苏台、明垓、察察尔图、庆岱、乌兰哈达、本巴图、锡喇哈达、布鲁图、鄂伦琥图克、察罕琥图克、锡喇穆楞、敖拉琥图克、吉斯黄郭尔、喜喇穆呼尔、布隆、叟吉布拉克、托里布拉克、图固哩克蒙古站二十三，共二十四站。"[2]

以上文献记载这些驿站自皇华驿至张家口，共四百三十里。二百五十里至怀来县土木驿，六十里至宣化县鸡鸣驿，六十里至宣化府宣化驿，六十里至张家口（由张家口分道，六十里至万全县夏堡站，三十里至宣化府榆林堡站）。

鸡鸣驿。今鸡鸣驿城，位于河北省张家口市怀来县鸡鸣驿乡鸡鸣驿村。

宣化驿。今河北省张家口市宣化区。

张家口。今河北省张家口市。

察汉托罗台（察汉托罗盖）。在今河北省张家口市张北县南兆丰寺（头台庙）附近。张家口距这里六十里。

布尔哈苏台。在今河北省张家口市张北县小二台镇小二台村。察汉托罗盖距这里五十里。

哈留台（哈柳图台）。在今河北省张家口市张北县海流图乡大土城村、小土城村一带。

鄂罗依琥图克（鄂拉呼都克台）。在今河北省张家口市尚义县石井乡四台蒙古营村。

---

1 《钦定大清会典事例》卷六百八十九，兵部，邮政驿程二。
2 《钦定理藩部则例》卷三十一，邮政上。

奎苏图（奎素图台）。在今河北省张家口市尚义县大营盘乡五台蒙古营村。

扎嘎苏腰站

扎哈苏台（扎噶苏台）扎嘎苏腰站。在今内蒙古乌兰察布市商都县小海子镇宋家村。

明坟（明爱台）。在今内蒙古乌兰察布市商都县七台镇。

察察尔图（察察尔图台）。在今内蒙古乌兰察布市商都县西井子镇土城子村。

庆岱（沁岱台）。今据《乌兰察布地名志》，在今内蒙古乌兰察布市察哈尔右翼后旗。

土牧尔台镇新建村。原台站在土木尔台西5公里的柴四房子村。

乌兰哈达（乌兰哈达台）。在今内蒙古乌兰察布市察哈尔右翼后旗乌兰哈达苏木乌兰哈达嘎查（苏木为"乡"，嘎查为行政村）。

本巴图（布母巴图台）。今内蒙古乌兰察布市四子王旗白音朝克图镇新尼淖尔嘎查。

锡喇哈达（锡拉哈达台）。在今内蒙古乌兰察布市四子王旗脑木更苏木。

布鲁图（布鲁图台）。在今内蒙古乌兰察布市四子王旗查干补力格苏木白音补力格嘎查。

鄂伦琥图克（乌兰呼都克台）。在今内蒙古乌兰察布市四子王旗嘎郎图苏木。

察罕琥图克（察哈呼都克台）。在今内蒙古乌兰察布市四子王旗白音敖包苏木东南的察汗呼都嘎营子。

锡喇穆椤（锡拉木楞台）。在今内蒙古乌兰察布市四子王旗白音敖包苏木驻地。

敖拉琥图克（鄂兰呼都克台）。在今内蒙古乌兰察布市四子王旗白音敖包苏木格少巴嘎阿日奔营子。

吉斯黄郭尔（吉思洪呼尔台）。在今内蒙古乌兰察布市四子王旗白音敖包苏木与达茂旗明安镇巴音塔拉嘎查交界吉生脑包。

喜喇穆呼尔（奇拉伊穆呼尔台）。在今乌兰察布市四子王旗江岸苏木赛点勒乌素一带。以下四站通向蒙古国境内地区：布隆（布笼台）叟吉布拉克（苏吉布拉克台），在今蒙古国南戈壁省境内。托里布拉克（托里布拉克台）图固哩克蒙古站（图古里克台）。蒙古站二十三，共二十四站。

5. 杀虎口道

总管司设在杀虎口，今位于山西省朔州市右玉县境内。

据文献记载："自皇华驿至绥远城，共一千一百四十五里。三百七十里至宣化府宣化驿，一百二十里至怀安县驿，六十里至天镇县站。六十里至阳高县站，六十里至聚乐堡驿，六十里至大同县站，六十里至左云县高山站，六十里至左云站，六十里至右玉县站，二十里至杀虎口站，一百里至和林格尔站，五十里至萨尔沁站。由萨尔沁站分道，五十里至二十家站，一百里至八十家站，又西一百里至杜尔根站，一百二十里至多素哈站，二百里至吉格苏特站，二百里至巴颜布拉克站，二百里至阿鲁乌尔图站，一百五十里至巴尔苏哈站，一百五十里至察哈扎达海站，系蒙古游牧地方，六十里至归化城站，五里至绥远城。"[1]

从京城到杀虎口经九所驿站。

宣化驿。今河北省张家口市宣化老城区。皇华驿距这里三百七十里。

怀安县驿。今河北省张家口市怀安县老城区。宣化驿距这里一百二十里。

天镇县站。今山西省大同市天镇县老城区。

阳高县站。今山西省大同市东北部。

聚乐堡驿。今山西省大同市云州区聚乐乡。

大同县站。今山西省大同市老城区。

左云站。今山西省大同市左云县老城区。

右玉县站。今山西省大同市左云县老城区。二十里到杀虎口。

"杀虎口管站司员所属杀虎口汉站一，十八家、二十家、萨勒沁、归化城、杜尔格、栋素海、吉克苏台、巴彦布拉克、阿噜乌尔图、巴尔素海、察罕扎达垓蒙古站十一，共十二站。"[2]

"杀虎口一道，除杀虎口内地所设一站外，设蒙古站十一，北路四站：曰八十家站，曰二十家站，曰萨喇齐，曰归化城。皆在土默特境，其乌喇特三旗，即由归化城达之。西路七站：曰杜尔格，曰东素海，曰吉格素特，曰巴彦布拉克，曰阿噜乌尔图，曰巴尔素海，曰察汉札达盖。达鄂尔多斯左翼前旗、左翼后旗、左翼中旗、右翼后旗、右翼前旗、右翼前末旗、右翼中旗，凡七旗。外蒙古北路驿站，皆由阿尔泰军台达之。自出内札萨克四子部落境起，由第十九站奇拉伊木呼尔，至赛尔乌苏，凡六站。由

1 《钦定大清会典事例》，卷六百八十八，兵部，邮政，驿程一。

2 《钦定理藩部则例》，天津古籍出版社，1998年，第284页。

赛尔乌苏至哈拉尼敦，凡二十一站。由哈拉尼敦，至乌里雅苏台，凡二十站。"[1]

杀虎口站。今山西省朔州市右玉县境内晋蒙两省交接处古长城上的边关城堡。

十八家（八十家站）。在今山西省朔州市右玉县杀虎口乡。

二十家（和林格尔站）。在今内蒙古呼和浩特市和林格尔县县城。

萨勒沁（萨尔沁站）。在今内蒙古呼和浩特市和林格尔县之间，北距呼和浩特市旧城六十里，南至和林格尔县五十里。又有土默特左旗沙尔沁镇，名字相似而位置不同，属包头市东河区。

归化城。在今内蒙古呼和浩特市城西（旧城）。

杜尔格（杜尔根站）。在今内蒙古呼和浩特市托克托县伍什家镇。

栋素海（多素哈站）。在今内蒙古鄂尔多斯市准格尔旗十二连城乡蓿亥图村。

吉克苏台（吉格苏特站）。在今内蒙古鄂尔多斯市达拉特旗吉格斯太镇。

巴彦布拉克（巴颜布拉克站）。内蒙古鄂尔多斯市杭锦旗吉厚城一带。

阿噜乌尔图（阿鲁乌尔图站）。在今内蒙古鄂尔多斯市东胜区。

巴尔素海（巴尔苏哈站）。在今内蒙古鄂尔多斯市乌审旗乌审召镇。

察罕扎达垓（察哈扎达海站）。在今内蒙古鄂托克旗东北察

1　《钦定大清会典事例》卷九百八十二，理藩院，边务驿站。

汗淖尔村一带。

杀虎口道蒙古站十一，共十二站。畅通漠南地区。

驿站和台的建立保证了信息和物资转运的畅通，极大地方便了年班朝觐、官员巡视、文书送达等官方、军方的各类活动，另外，对边疆地区商业贸易等各类活动也提供了便利，促进了内地和边疆地区民族文化的交往交流交融。对稳定边疆地区安定，推动边疆地区社会发展起到了极大的作用。

三、木兰围场

"木兰"为满语，意为"鹿鸣"或"哨鹿"，即猎手使用木哨模仿雄鹿的叫声来吸引雌鹿进行捕猎的一种方式。"木兰围场"是指清朝建立的皇家打猎场所，简称"围场"。清廷设立"围场"，进行"围猎"系列活动的目的除了传承祖辈们的战斗本领及精神外，还有检阅振奋八旗官兵士气，联络蒙古王公，了解掌握北部边疆地区社会状况等重要作用。

据文献记载，"木兰围场在承德府境各部落之中，一千三百余里，东西三百余里，南北二百余里。东至喀喇沁旗界，西至察哈尔旗界，南至承德府界，北至巴林及克什克腾界，东南至喀喇沁旗界，西南至察哈尔正蓝旗、镶白二旗界，东北至翁牛特旗界，西北至察哈尔正蓝旗界"。[1]

"木兰围场"始建于康熙二十年（1681年），是年四月康熙帝第二次北巡。他率领满汉大臣、随从及八旗劲旅经喜峰口、宽城县来到卓索图盟、昭乌达盟地界。

1　《承德府志》，卷首二十六，围场，辽宁民族出版社，2006年，第397页。

据文献记载，"辛卯，上驻跸宽城北五里。壬辰，上驻跸达希喀布秦地方、喀喇沁杜楞郡王札什、镇国公乌忒巴喇等、来朝……癸巳，上驻跸察罕和屯。翁牛特镇国公奇他忒等、来朝。甲午，上驻跸乌阑布尔哈苏地方，敖汉多罗郡王扎穆苏、萨穆珀尔等、来朝。乙未，上驻跸西尔哈毕喇地方，土默特固山贝子滚济斯札布、来朝。丙申，上驻跸拜察地方。丁酉，上驻跸和尔和地方。……戊戌，上驻跸毕尔汉地方。己亥，驾旋。"[1]等。上文提到的康熙皇帝行程日期、住宿地名及前来拜见的人员的情况具体如下：

初八日，驻"宽城北五里"，今河北省宽城县。

初九日，驻"达希喀布秦"地方，今河北省宽城县东北龙须门一带，前来朝见者为喀喇沁右翼旗第四代札萨克郡王札什和喀喇沁右翼旗第三代镇国公乌忒巴喇。[2]

初十日，驻"察罕和屯"，清代喀喇沁右翼旗南"二百七十里有旧会州城，周三里余，四门。蒙古名察罕城，……"[3]，后属平泉县。翁牛特镇国公奇他忒前来朝见。[4]

十一日，驻"乌阑布尔哈苏地方"，该地应为"察罕和屯"和"西

---

1 《清圣祖实录》康熙二十年，辛酉，四月条。

2 札什为喀喇沁第四代札萨克郡王，"固鲁思奇布次子，康熙十一年袭扎萨克多罗杜稜郡王，四十三年卒"。乌忒巴喇是喀喇沁第三代扎萨克镇国公"齐塔特次子，康熙三十年袭扎萨克镇国公，五十年卒"。《钦定外藩蒙古回部王公表传》卷二，表第二，喀喇沁，454—243，四库全书本。

3 张穆：《蒙古游牧记》，卷二，喀喇沁，七下页，同治六年木刻本。

4 奇他忒是翁牛特镇国公"察罕泰长子，顺治十六年，袭镇国公。康熙四十一年卒。"《钦定外藩蒙古回部王公表传》卷三十一，翁牛特部总传，文渊阁四库全书本。

尔哈毕喇"之间。敖汉多罗郡王扎穆苏、萨穆珀尔等来朝见。[1]

十二日，驻"西尔哈毕喇"，清代喀喇沁右翼"旗西北百六十里有席尔哈河……入滦河"[2]，清代地图称作"sirha bira"。[3]土默特右翼札萨克固山贝子者滚济斯札布来朝见。[4]

十三日，驻"拜察"，清代喀喇沁右翼旗南"百五十里神山，蒙古名拜察山"[5]，清代喀喇沁右翼旗境内，后属平泉县。

十四日，驻"和尔和"，清代喀喇沁右翼旗南"百十里有和尔和克河"[6]，今称"黑里河"，赤峰市喀喇沁旗境内。

十五日，驻"毕尔汉"，清代喀喇沁右旗南"九十里有巴尔汉河"[7]，今称"八里罕"，在赤峰市宁城县境内。

康熙帝巡查了喀喇沁、翁牛特旗的牧地，并从二旗牧地中划出一部分地来设立皇家打猎场所。文献记载："喀喇沁、敖汉、

1　扎穆苏是敖汉第三代扎萨克多罗郡王"康熙十三年，札萨克固山贝子。三十一年，以罪削。"萨穆珀尔是敖汉第四代多罗郡王"布达长子，康熙二十八年袭多罗郡王，三十年卒"《钦定外藩蒙古回部王公表传》卷三，表第三，敖汉部，454—247，四库全书本。

2　张穆：《蒙古游牧记》，卷二，喀喇沁，十页上，同治六年木刻本。

3　"ǰosotu-yin čiɣulɣan karačin-nu ǰasaɣ,ulus-tur tusalaɣči güng, terigün ǰerge tabunang karačib‐un ǰaraqu qusiɣun-nu aɣula, ɣool,ǰaɣ,kiǰaɣar-un ǰiruɣ, badaraɣultu türü-yin ɣurbaduɣar on"（卓索图盟喀喇沁扎萨克，辅国公，一等塔布囊 喀所领旗山、河、边、界图，光绪三年）。德国柏林国家图书馆藏。另见海西希：《蒙古手绘地图之蒙古地名》（第二部），1978年，威斯巴登 (MONGOLISCHE ORTSNAMEN TEIL Ⅱ MOSGOLISCHE MANUSKRIPTKAKTEN IN FAKSIMILIA HKRAUSOEGKBEN VON WALTHER HEISSIG FEANZ STEINER VERILAG GMBH•WIESBADEN 1978)。

4　土默特第三代扎萨克固山贝子，"固穆第三子，康熙三十一年袭扎萨克固山贝子，三十七年卒。"

5　张穆：《蒙古游牧记》，卷二，喀喇沁，八页下，同治六年木刻本。

6　张穆：《蒙古游牧记》，卷二，喀喇沁，八页下，同治六年木刻本。

7　张穆：《蒙古游牧记》，卷二，喀喇沁，九页上，同治六年木刻本。

翁牛特诸旗敬献牧场"[1]。

《清圣祖实录》记载："赐进贡科尔沁、敖汉、奈曼、阿霸垓、喀尔喀、土默特、喀喇沁、翁牛特、克西克腾王、贝勒、贝子、公、额驸、台吉等及蒙古众官兵宴。并赐蒙古亲王、郡王、公等、及管领围场、各郡王、公等、袍帽靴带等物有差"。[2]

1. 清代翁牛特档案记载的割地给木兰围场的地名

原文：

……sangdu dabaγoan eče. baraγun edeged–un geger–un oool. Šara noqai yin γool. Bü dun–i γool. baibaγa γool. isun γool. molui yin sürüg. sancidü qada. Salbar qada. Tayan i γool. šara nuur. Olatai–yin γool. noqudai yin γool. qalaqu usu. Saiqan tabaqan. čibčetd γool–un baraγun aγuln–yin baraγun edaged–ece todugsi γajar cčm ü ran–nu aba–yin γaǰar dur oruǰuqui……[3]

译文："桑图岭西克尔河，沙拉脑海河，布顿河，拜巴噶河，伊孙河，毛鲁伊苏鲁克，森吉图哈达，撒拉布日哈达，达雅河，沙拉淖尔，乌拉泰河，脑胡泰河，哈拉胡乌苏，赛罕达巴汗，奇布奇德河西山以西的地方都划入木兰围场。"

解读：

"桑图岭"，今赤峰市松山区老府镇与河北围场县交接处大采梁山东。

"克尔河"，据文献记载，喀喇沁右翼旗"西北百五十里有克尔河，源出拉克拉哈尔山，东北流会獐河"[4]。"獐河"是锡

---

1 《承德府志》，卷首26，围场，第397页，辽宁民族出版社，2006年。
2 《清圣祖实录》，卷一百一十，康熙二十二年闰六月，丙寅条。
3 赤峰市档案馆藏档案，全宗号1，目录号1，卷号129，件号1，页数2。
4 张穆：《蒙古游牧记》，卷二，喀喇沁，十一页下，同治六年木刻本。

尔哈（又写"西路嘎河""舍路嘎河"）河源，流经赤峰市松山区后汇入老哈河。

"沙拉脑海河"，锡尔哈河源，据文献记载，"大西沟河，发源于神仙洞之东麓，两源……会于克勒河、锡尔哈河。三河相汇后北流，经沙拉诺尔围，土人亦呼围沙拉诺海，讹为涉拉嘎河"。镶白旗卡坐内，其位置在今围场东南。属"乌拉岱河"围场。

"布敦河"，围场东南有布敦河围场。文献记载：翁牛特右翼旗"西南……百五十里有布屯河，西流会宜逊河南入滦河……"[1]

"拜巴噶河"，据文献记载，翁牛特右翼旗"西南……百二十里有高凉河，蒙古名拜布哈，源出拜布哈岭，东南流会布屯河，入宜逊河"。

"伊孙河"，源头在今河北省围场县北部，汇滦河，入渤海。

"毛鲁伊苏鲁克"，其位置应位于"宜逊河"与"森吉图哈达"中间一带。

"森吉图哈达"，属"僧机河"围场，今围场县政府所在地，以西道坝乡境内"窟窿山"。

"达雅河"，据《围场厅志·水》载："达颜河。俗五道川，即大衍也。其源出大衍岭，俗称大伊梁。此处有达颜德尔吉图围。达颜即大衍之转音，古大衍岭，蒙古名达颜达巴汉，俗讹为"。

"沙拉诺尔"（黄色湖），与"沙拉脑海河"（黄色狗）不属同一名，也不属同一地方。据《承德府志》，"北界围场三……更北围达尔罕赛堪摩敦，摩敦河源出焉。稍西为都乎岱河源。东南有诺郭台河源。勒府窝集在其西，林木深茂，其积水海子曰'西拉诺尔'……"其位置在围场北"伊逊河源"一带。

---

1 张穆：《蒙古游牧记》，卷三，翁牛特，二十五页上，同治六年木刻本。

"诺郭台"[1]，据文献记载，其位置在"西拉诺尔"东南一带。

"木兰围场"由清八旗军中满蒙兵丁驻防。其人数及相关生活补给有记载："八旗满洲蒙古兵丁八百名。康熙四十五年设一百一名。雍正十二年增设九十名。乾隆十八年增设六百九名。由八旗都统于八旗满洲蒙古兵丁内挑取。每兵一名给地一顷二十亩。又以都呼岱口后兴安等处。地冷霜早难以耕种，将镶黄正黄正红三旗兵丁每名改给乳牛三头，每三十头各给犍牛一。羊三十。"[2] "设三品总管一员。四品左右翼长各一员。五品章京八员。骁骑校八员。驻防八旗满洲蒙古兵丁八百名。每兵一名。给地一顷二十亩。又镶黄正黄正红三旗兵丁。驻都呼岱口后兴安等处。地冷难以耕种。改给乳牛三头。每三十头各给犍牛一，羊三十。"[3] 等。

2. 围场各围猎地点及皇帝行程路线

木兰围场建成之后，与其毗邻翁牛特右翼旗王，喀喇沁旗王公都兼有在木兰任当班任务，在每年皇帝驾到围场时先探路、进行宿点修缮工作。

据档案记载：《γadaγadu mongγool-un t ü r ü -yi ǰasaqu yabudal-un yamun-nu bičig. Ongniγud- un wang budaǰab-du ilegebe. Tengri-yin tedgk ü gsen-nu arban toluγa-on ǰun-nu seg ü l-sara-yin arban tabun-d ü kr ü rču iregsen terig ü n-nu γaǰar-eče k ü rgeǰ ü iregsen bičigdur meded ü gei gemek ü -yin učir. Man nu γaǰar eče ailadkagsan anu.

Sonusqan ailadqaqu-yin učir ene ǰil degere m ü ran -nu aba-dur udqu-du boγul bide deged ü . ǰarlig -i kičiyengg ü len daγaǰu.

1 《承德府志》，卷首 26，围场，第 400 页，辽宁民族出版社，2006 年。
2 《承德府志》，卷首 26，围场，第 403 页，辽宁民族出版社，2006 年。
3 《钦定大清会典事例》卷七百零八，兵部，木兰行围。

Yisun kabčilu-yi oruǰu böd ü n aman eče birɣu karbači daba −ber
bayan ku-yin ǰerge-yin ɣaǰar-i yabuǰu. Tayan daba ber bučaǰu.
Ang−un yisun kabčilu eče garqu ǰam−un ǰ ü g−i buduǰu. komurɣa
ǰokiyaǰu

aba−yin terig ü n gong minǰor rabtan. Aba−yin kumura−
yin b ü g ü de terig ü legči ǰasid ü tan−dur biǰčig ilegeǰu. ene
kororundu kahučin k ü riyen bariku konoɣ−un aǰar−tur. kerbe
usun−dur erkigdeǰu ebderek ü −ba. qonoɣ−un ɣaǰar−tur esebes ü
usu k ü r ü lček ü

ǰuil bui buges ü minǰur rabdan tan ü ǰeǰ ü togtaɣad quisi
bičig k ü rgeǰu ired ü gei kemn tusiyan bičig ilgegsen b ü l ü ge.
ed ü ge aba−yin terig ü n minǰur rabtan. Giy ü n wang radnasiti. aba
−yin gomurɣa b ü g ü de terig ü l ü gči ǰasit ü tan−nu ǰokiya ü san
qonoɣ komurɣa −yin ɣaǰar−i toɣtan ü ǰeǰ ü giya naimntai−yi ǰaruǰu
kobur bičig k ü rgeǰ ü ireǰuk ü i. Eimu−yin tula ǰokiyaɣsan aba
kumurɣa. ǰiči udqu irek ü qonoɣ ü de −yin ɣaǰar−i ǰwzi−dur bičiǰu
kičiyengg ü ilen ü ǰeg ü l−un ailadkaba ǰarliɣ bayuɣsan quina.
kičiyeng ü ilen taɣaǰu beledkek ü l ü ye kememui. Eg ü −nu tul
kečiyengg ü ilen sonuskan ailadkaba keme tegri−yin tedgk ü gsen−
nu arban toluduɣar−on ǰun nu seg ü l sara−yin arban nigene kereg
ailadkaqu tusalaɣči tusimel boošan tan−dur ü gč ü ulamǰilan
ailadkagsan−dur

ǰa medebe kemegsen−i gičengg ü ilen daɣaǰu qono.
Üde−i qoidu ǰgsaɣan bičiǰu tamaɣa daruǰu tan−nu ǰurɣan −dur
k ü rgeg ü lbe. tan−nu ǰurgan −eče aba−yin terigǰ ü n gong minǰur

rabtan giy ü n wang radnasiti. aba–yin kumurγa yin b ü g ü de terig ü legči ǰasagdu tan–dur bičig yabuγulǰu. Kauli–yin yosuγar sidgeǰ ü beledg ü leǰugǰ ü k ü i. eg ü n–nu tul ilegebe kemǰuk ü i eimu –yin tulada

deger yebuqu ǰam. qonoγ. ü de. aba komorγa–yin aǰar–i guina ǰagsaγan bičiu. Aba–yin γaǰar–i čagdaqu b ü g ü de terig ü legči radnasiti. Karačin–nu gong minǰur. Ongniγud–un wang budaǰab tan–dur bičig yabuγulǰu ( ) tan–nu γaǰarči eče ailadkaǰu g ü rgeǰ ü iregsen

ǰarliγ yosuγar dotur gereg–i baičaγan ü ǰeǰu kičiyeng ü ilen taγaǰu sidkeg ü luye kemem ü i eg ü n –nu tula ilegebe.

Tenri tedk ü gsen–nu arban toloduγar on ǰun–nu arban sara–yin arba naiman

……

boru koda baγuqu ordu qonoglana. Se fang ü delge san sin t ü n du ü delge

ǰang san ying baγuqu ordu qonoγlana ǰang su gu d ü ü delge

Sibartai em ü ne qonoγla tariyadγ ama ü delge

kailasudu gonoγla elesu mangan komoraγa murui karačin aman ü delge

Narin banbuqan aman d ü rben sina komorγa qonoγla du ǰ ü delge

banbuaan aman ü delge

qulusutai qonoglana bayan kara qomoraa

olatai qada ü delge

ǰad olatai qonoɣlana weisun ger komoraa

dumda oladai qonoɣlana ergü wa gu qomoraa

Bayan burɣasutai qonoɣla bayan deresü tai qomoraa

biru karbuči mulu ü delge

bayan gü qonoɣla bayan gü qomoraa

mergen uliyasutai qonoɣla merge uliyasudai qomoraa

tayan tabaɣan aman–yin baraɣun qonoɣla yulu qomoraɣa

ǰur qonoɣla. ǰur qomoraɣa

Určadn kamar qonoɣla . aayan modon qomoraɣa

ɣaǰar–un dumda ü delge

ǰakada kamar qonoɣlana taɣdu qomoraa

Boɣuɣdu aman qonoɣlana darqandaɣdu qomoraɣa

ɣaǰar–un dumda ü delge yisun salbar gataduǰab qonoɣla aru
qomoraɣa

Baa gü qonoɣla ü delge baa gü qomoraɣa tü med qomoraɣa
qonoǰu abalamui

Zhao ting zi bahuɣu ordu qonoɣla

Lu sin tiyoo baɣuɣu ordu qonoɣla

Mei yun siyan bahuɣu ordu qonoɣlana

Li ǰuwaɣ ǰuwang ü delge

Huai rü siyan bahuɣ u ordu ü delge

An ši gö ü baɣuqu ordu ü delge qonoɣla na

Lin gö ü baɣuqu ordu ü delge

qu ǰiya ying ü delge

Yiuwan ming ǰuwan geǰei." [1]

译文：理藩院文札付翁牛特王布达扎布文。乾隆十七年夏末月十五日探路官来文，为知照事，等因，臣院奏，报闻之事由，今年上往木兰秋狝，为此奴才等遵上旨，从伊逊喀布齐鲁进入，经布敦口，毕鲁，巴颜沟等地，自达雅岭返回。勘察布置从伊逊喀巴齐鲁到出口各围猎点，向木兰围班头等公明珠尔，围班总管扎萨克札文告知，若这间原设有围猎宿营地，若有水浸泡损坏，宿营地缺水等事，札文明珠尔等勘定后咨文报上。如今围班首领明珠尔喇布坦，君王喇特纳锡第并围班总管扎萨克所造宿营，围猎地已定，并派侍卫奈曼泰送达要书来，为此，所设置的围猎点，往来宿营，午休地等抄写在折子奏闻，下旨后，遵照办理，为此谨奏，乾隆十七年夏十一日交付员外朗宝山转奏，上旨已知，遵照上旨午休、宿营地等在后面一一列出，做印文送达贵院。贵院札文围班首领明珠尔喇布坦，围班总管扎萨克，按上旨裁定准备。为此，上行路线，宿营，午休，围猎等一一列出，札文围班总管扎萨克，喀喇沁公明珠尔，翁牛特王布达扎布，尔处所奏文，按上旨查阅，谨奏载定，为此札付，乾隆十七年夏末月十八日。

………

波罗浩特宿营，四间房子午休，三新屯午休。

张三营宿营地住宿，张苏谷午休。

什巴尔台南住宿，塔里雅图口午休。

海拉苏台住宿，额勒苏芒哈围、穆垒喀尔沁口午休。

纳林、巴布哈口四新围住宿、午休。

巴布哈口午休。

1　赤峰市档案馆藏档案，全宗号 1，目录号 1，卷号 159，件号 22，页数 1。

胡鲁苏台住宿，白颜喀拉围猎。

乌拉岱哈达午休。

扎德乌拉岱住宿，威逊格尔围猎，乌德华围猎。

敦达（中）乌拉岱住宿，额尔衮口围猎。

白颜布日嘎苏岱住宿，白颜德里苏台围猎。

毕鲁哈拉巴齐毛鲁午休。

白颜沟住宿。白颜沟围猎。摩尔根乌里雅苏台住宿，摩尔根围猎，乌里雅苏台围猎。达雅达巴罕口住宿，珠尔围猎，珠尔住宿，珠尔午休，乌拉楚哈麻尔住宿，白颜毛敦围猎，途中午休，札喀达哈麻尔住宿，达格图围猎，午休，包古图口住宿，达尔汉达格图围猎，途中午休，伊逊萨勒巴尔、哈达图扎布住宿，巴沟住宿，巴沟围猎，巴沟土默特围猎、住宿。

赵亭子行宫住宿，华新店午休。

罗家条行宫住宿。

密云县行宫住宿。"

读解：

"明珠尔喇布坦"喀喇沁固山贝子。杜棱郡王噶勒臧（固噜思奇布孙子）次子。乾隆二十一年扈驾木兰围猎，赐贝子品级。

"布达扎布，"翁牛特第七任郡王。乾隆三年袭札萨克多罗郡王。四十二年卒。

"永安莽哈"，属布敦河围场，今围场县腰站乡碑亭子。

"威逊格尔"，属乌拉岱河围场，今围场县朝阳湾镇马蹬沟一带。

"巴颜布尔噶苏台"，属乌拉岱河围场，今围场县地方。

"摩尔根乌里雅苏台"，属英额河围场，今围场县新拔乡大苏汰沟一带。

"巴颜莫敦",属英额河围场,今围场县宝元栈乡二道沟。

"多门围",属伊逊河围场,今围场县龙头山乡多本沟二号一带。

"巴雅尔额尔滚郭",属乌拉岱河围场,今围场县育太和乡十大股。

"图们索和图",属伊逊萨勒巴尔河围场,今围场县哈里哈乡台子水平川谷地。

"莫尔根经奇呢",属伊逊河围场,今围场县围场镇"金字村十号一带"[1]。

"巴颜锡纳",属伊逊河围场,今围场县腰站乡马架子大营子一带。

"巴颜喀喇",属布敦河围场,今围场县腰站乡大牛圈。

"巴颜沟",属英额河围场,今围场县新拔乡白云皋。

"岳乐",属英额河围场,今围场县新拔乡骆驼头村月亮沟。

"德尔集",属伊逊河围场,今围场县棋盘山镇惠汉四号一带。

"哈达图扎布",属伊逊萨勒巴尔河围场,今围场县哈里哈乡。

"门图阿鲁",属伊逊萨勒巴尔河围场,今围场县哈里哈乡。

"坡赖",属伊逊河围场,今围场县围场镇,县城东南八里公路东坡赉沟。

"搭里雅图",属布敦河围场,今围场县四合永镇乌苏沟。

皇帝从京城圆明园出发经密云、隆化等地进入围场。到达围场后要先选择好路线、住宿地、围猎场地进行活动。后来整个木兰围场内共设十二处围场,下分若干小打猎处。

---

1 白文平编著,宪玉摄:《木兰围场研究》,九州出版社,2014年。

（1）英额河围场十处："胡曾苏台"，"曰色尔"，"古尔板坤堆"，"巴尔图"，"珠尔"，"岳乐"，"巴颜莫敦"，"英图"，"颜沟"，"摩尔根乌里雅苏台"。

（2）乌拉岱河围场十一处："布东图"，"温都尔华"，"纳尔苏台"，"巴颜布尔噶苏台"，"巴雅尔额尔滚郭"，"威逊格尔"，"嘎海雅图"，"克呀"，"沙尔诺海"，"阿南达"，"哈拉楚古尔苏"。

（3）罕特木尔河围场一处："罕特木尔"。

（4）布敦河围场七处："搭里雅图"，"古尔板什纳"，"察汉扎布"，"库库哈达"，"巴颜喀喇"，"永定莽喀"，"爱林"。

（5）伊逊河围场九处："坡赖"，"莫尔根经奇呢"，"多们"，"碧图色里"，"达颜德尔集"，"德尔集"，"阿济格鸠"，"古尔板"，"巴颜锡纳"。

（6）伊逊萨勒巴尔河围场三处："哈达图扎布"，"图们索霍图"，"门图阿鲁"。

（7）案巴究河围场四处："额勒苏什纳"，"库尔图察汉"，"沙喇德布僧"，"敖伦索霍图"。

（8）僧机河围场三处："僧机图"，"察汉什呀"，"僧机乌里雅苏台"。

（9）伊玛图河围场六处："布都尔"，"永安湃"，"敖尔吉呼哈达"，"巴达尔呼"，"永安湃色沁"，"巴颜图库木"。

（10）吉兰乌里雅苏台河围场九处："英图"，"哈俩尔"，"齐老图色沁"，"哈喇玛拉嘎"，"明安阿巴图"，"萨达克图"，"孟魁"，"巴颜托罗盖"，"哈拉诺海"。

（11）布格河围场一处："布格哈朗贵"。

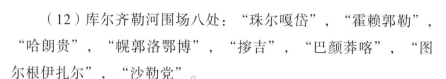
（12）库尔齐勒河围场八处："珠尔嘎岱"，"霍赖郭勒"，"哈朗贵"，"幌郭洛鄂博"，"掺吉"，"巴颜莽喀"，"图尔根伊扎尔"，"沙勒党"。

木兰秋狝在康熙、乾隆、嘉庆三朝盛行，而每年围猎地点线路不同，每位皇帝的活动时间，所举行活动内容也有所不同。围猎活动少则两三个月，多则半年之久。

3.翁牛特部在参与木兰秋狝活动中所需物资人员的准备状况

每年围猎活动开始前，翁牛特、喀喇沁等当班旗王公按理藩院要求对木兰秋狝期间所需物资、帐篷、马匹、骑手、射手、摔跤手等进行准备，以备木兰围猎活动期间的各类活动内容。下面一份资料说明了一些活动内容。

"čiɣulɣan-nu terigün aoqan -nu ulus-un tüsiye güng gosihun nu efu askan-i amban tan-nu bičig

ongniɣud-i ǰasaɣ-un türu- yin tügüreng giyün wang budaǰabtan-dur ilegebe. ǰarlaǰu yabuɣulqu-yin uǰčir. müran-nu ɣaǰar-tur teger bariqu qurim-i beledgel-un yaɣuma-yi qobidbasu ongniɣud wang-un čaɣan temege nige monggün buili bulɣan munčug-tai. čaɣan mori yisu emegel nige. üker qoyar. irge qoni arban tabun. quruǰa arban tabun malu. Tosu tabun malu. čaɣan idegen sirege tabun.sirege büri arban qosiyad pila. Sira wadang. čaɣan wadang. emnig nige ǰaɣun üniye arba. （ ） bükü ɣurban. mori uruldaqu bičaɣan kübegün arban ǰirɣuɣan ede kübegüd-i emuskü sain malaa tebel küreme-tai. ene ǰerge-yin beledgen ɣarɣaɣsan yeɣuma- yin ǰuil-i müran-nu üaǰar-tur tudaqu turüun ügüi. Sain saikan eyer abču udqui eče ɣadana.

ǰiči mü ran-nu γaǰar- tur teger qurim-dur bariqu （yeke） ger tegek ü （tegegk ü）. tan nu γosiγun eče arban sain terge ü ker dang qusatai k ü m ü n barigsaγar. debel qubčasu sain. qoyar sarayin k ü nes ü tai. Tatalaγan-nu tegesu. B ü delgen-nu qosiyad čikirsu-yin. čikirsu isegi-tai urida-yin yosuγar b ü ridgen abču. nigen ǰingseten eyer daγalγaǰu. Namur-i terig ü n sara-yin qorin tabuna minu ende saγad ü gei k ü rč ü irenk ü n. Eg ü n-nu tula či ü ulhan taruγa -yin tamaγa taruγsan biǰčig tusiyan ilegebe." [1]

译文："盟长敖汉辅国公和硕额驸安班之书，札付翁牛特多罗郡王布达扎布之事。

上驾木兰秋狝，翁牛特王所备贡品有带银鼻环，貂皮头套，白骆驼一峰，白马九匹，马鞍一个，牛两头，三岁绵羊十五，奶酒十五坛子，（黄）油五坛子，奶食品桌张，每桌盘子十对，黄色包布、白色包布若干，未驯服的马一百匹。

奶牛十头，摔跤手三，赛马骑童十六及这些孩子穿着上等帽、袍等木兰围猎所需物品无一缺少并完好无损送到。此外，为上驾木兰围宴，尔旗出运大房（蒙古包），质量好车十辆及赶车人，穿着要得体，带两月粮食，捆绑绳子，覆盖用席，毡子等按先例点收，交付给一名官员，秋初月二十五前务必到我处。特此，付盖盟长印之书"。

依据以上记载得知，当时翁牛特王参与秋狝活动及所用物资，参加秋狝活动的其他人员情况。献给皇帝的礼物：白骆驼一峰，带银鼻环，貂皮头套、白马九匹，马鞍一个。王爷日常用品：奶酒、黄油、奶食品、粮食、牛羊肉、蒙古包、车马、坐骑等。娱乐活动：

---

1 赤峰市档案馆藏档案，全宗号 1，目录号 1，卷号 216，件数 22，页数 1。

摔跤、赛马及骑手十六名。

秋狝活动不光是皇帝进行围猎的活动，还是一种军事、政治、外交活动。其中最重要的是检验八旗兵丁的本领技能。因此，赛马、马术、射箭、摔跤等表演及比赛活动不可缺少。其次，接见北部喀尔喀、西北阿尔泰、乌里雅苏台地区蒙古王公及西藏的活佛大喇嘛，也迎合他们的习俗举行各种娱乐活动。最后，是对有功的蒙古王公及有关人员进行赏赐。皇帝除在木兰围猎期间召见各地蒙古王公、宗教人士外，还对他们进行赏赐，以达到了解边疆、巩固边疆的目的。

四、辽河文化

1. 东北农耕文化的先驱

辽河流域位于东北、华北、蒙古高原的连接处。西是华北地区，南与山东半岛隔海相望，东是广袤的东北平原，北是蒙古高原。自古以来这里都是农耕、游牧与狩猎等多种经济交错的地方。契丹、女真、蒙古在这里建立政权，管理和经营东北地区。虽然是游牧政权，但都采取过农与牧结合的管理模式，推行过农业经济。可是农耕文化渗透得相对薄弱些，未能占据主导位置。明朝占领辽河流域后，推广农业经济、边内外各族间的贸易往来，及中原封建文化、儒学教育在这里得到全面发展，这里成为整个东北农耕文化的中心。

明太祖推行军屯制，目的是减轻百姓负担，解决军队的衣食等问题。据《明史》记载："太祖初，立民兵万户府，寓兵于农，其法最善"。"河南、山东、北平、陕西、山西及直隶、淮安诸府屯田，凡官给牛种者十税五，自备者十税三……三年后，亩收租一斗"[1]。洪武四年（1371年）置定辽都卫指挥司，洪武八年（1375年）改为辽东都指挥使司（辽东镇），成为镇守和管理东北的核心机构。明初，辽东守军各种物资供应自山东等地，通过海运来解决，可往往耗费大量人力物力，也发生过"船毁人亡"的事情，于是洪武二十七年（1394年）五月，"命辽东定辽等二十一卫军士，自明年俱令屯田自食，以纾海运之劳"[2]，边地士兵"三分守城，七分屯种"，辽东开始有军屯。后来政府鼓励民人也来辽东种植，"移民就宽乡，或召募或罪徒者为民屯"[3]，辽东有了民屯。洪武三十一年（1398年），"诏兴州，营州（属辽东镇）、开平等卫军，全家在伍者，分房回籍。天下各卫军营（依户）放一人为氓（民）"[4]。永乐七年（1409年）闰四，"设茂山卫，隶大宁都司，建治所于保定府清苑，以有罪僧走五千六百充军屯种"[5]。军屯、民屯外还出现商屯，"各边开中商人，招民垦种"。这些农业活动，使辽东的种植面积不断扩大，粮食有了大量收获。"洪武至永乐为田二万五千三百余亩"[6]，"辽镇岁收屯粮七十一万六千一百余石，以养该镇官兵九万……"[7]万历年间种植面积曾达到二万九千一百余亩。

朝廷对辽东的军屯也一直很重视，采取多种措施鼓励农业的发展。早在永乐二年（1404年）六月，"朝鲜国王李芳远，遣使

---

1 《明史》，卷七十七，志第五三，第1883页。

2 《明太祖实录》，卷二百三十三，洪武二十七年五月，戊寅条。

3 《明史》，卷七十七，志第五三，第1884页。

4 谈迁：《国榷》（一），卷十一，第791页。

5 《明太宗实录》，卷九十一，永乐七年闰四，庚午条。

6 《明宪宗实录》，卷二百四十四，成化十九年九月，戊申条。

7 《明熹宗实录》，卷六，天启元年二月，甲辰条。

送耕牛万头至辽东……敕辽东都司，以牛分给屯戍"[1]。

自正统后，军屯管理松弛，屯田多为内监、军官占夺。到正德年间辽东屯田较永乐年间减少一万八千余顷，粮食缩减四万六千余石。但辽东的官僚、商人等个人农田有增无减，依然在发展，还出现了大富豪。如：明末辽东铁岭李氏是明末辽东头号大家族，李成梁曾任辽东总兵官，其子侄多人任过总兵职务。还有投奔后金的佟养性，家族是辽东富商。他们或有权或有钱，所占土地财产数目可观。

嘉靖年间，辽东镇守太监白怀等多名官吏"各占种军民田土，多者二百五十余顷，少者十余顷"[2]。这些人虽侵占国家土地，吸取百姓血汗，但另一方面依然推动着辽东的农业发展。

努尔哈赤强盛的过程也未能离开农业和种植业，他大力推行农耕。解决兵丁及百姓衣食问题。在漫长岁月中，东北粮食也形成自己特有的粮食种类和种植方法。

据记载，"曰稷一名穄。与黍相似。而粒殊大。黍乃作酒。此乃作饭。疏爽香美。塞北最多……农家惟以备他谷之不熟则为粮耳。黍出北地。江东时有。而非土所以。其苗如芦。粘滞与糯米同性。其气性温。丹黍皮赤。其米黄。惟可为糜。不堪做饭。北人以之酿酒作糕。粟。江南所种皆是。苗俱似茅。种类凡数十……稷乃是今高粱。黍乃是今小米。粟乃是今所常用之漕白米也。"[3]

"北多坟土，易黍、稷、麦、粟；其滨水处又直渠而少支流，不能时灌。"[4] "令民别地，卑湿高阜，择所宜以树艺。谕曰：'昨

---

1 《明太宗实录》，太宗文皇帝实录卷三十二，永乐二年夏六月，辛卯条。
2 《明世宗实录》，卷一百一，嘉靖八年五月，丙午条。
3 谈迁：《北游录》，纪闻上，五谷，中华书局，2006年，第313页。
4 谈迁：《北游录》，纪闻上，五谷，中华书局，2006年，第314页。

岁春寒，耕耘失时，以致乏谷，今岁春复寒，然农率不可违也。宜勤耕种，而加耘籽焉，夫耕耘及时可望有，秋若其失之，虫灾水害谷，何由登其，令各屯该管官通行督率任土宜以树、秫、稷、黍、谷，毋旷惰。'"[1]

蒙古人进入辽河流域后也有零星的种植业。据记载，"蒙古于春耕时，多聚人马于平野，累日使践踏粪秽。后播黍、稷，粟，秫诸种。又使人马践踏，至耘治收获时，令军人齐力云"[2]。黍（shu），今黄米或黏米；稷（ji）谷子或称蒙古米子；粟（su），今谷子或小米；秫（shu），今高粱。如今这些农作物成为东北最有特色的粮食，这与明代辽河流域农业的大开发离不开关系。明代辽东地区经营下的农业，为整个东北农业的发展奠定了基础。洪武二十八年（1395年），政府拨给辽东21个农具、耕牛与种子。三年后屯田垦殖土地达到二万五千三百顷。"永乐十年辽镇岁收屯粮七十一万六千一百余石，以养该镇官兵九万。"[3]

成化十三年十一月"洪武永乐中军士二分守城八分屯田人亡粮除……景泰时仅一十八万"。

辽东镇成立后，沈阳成为都指挥使司所在地，广宁成为都指挥分司所在地，是辽东辽西两个重要的政治、军事中心。辽东镇下设二十五卫、一百二十七所及卫军民指挥使司、军民千户所等，还有众多行政、军队、民生机构和设施。如：洪武十四年三月"置辽东税课司隶都司"[4]。

1　［清］张廷玉等，撰：《皇朝文献通考》，卷一，田赋考，见《四库全书》本。
2　清初史料丛刊第十、十一种：《建州纪程图记校注》，辽宁大学历史系，1979年，第28页。
3　《明熹宗悊皇帝实录》卷六，天启元年二月。
4　《明太祖实录》，卷一百三十六，洪武十四年三月，乙巳条。

永乐十二年（1414 年）九月，"上命，边将置屯堡为守备，计每小屯五七所或四五所，择近便地，筑一大堡，环以土城，高七八尺或一二丈，城八门，周以濠堑，阔一丈或四五尺，深与阔等，聚各屯粮，刍于内，其小屯量存逐日所用粮食，有警即人畜尽入大堡并力固守"。[1] 这些司、卫、所处逐步形成人口密集地区。来自全国各地的兵丁或农民、商人等在这里进行经济文化交流，把内地农耕文化传播到东北各地。

永乐二年（1404 年），设开原、广宁马市与女真和蒙古部进行贸易。此外，在东北还有清河马市、瑷阳马市、宽奠马市、义州马市等。

明廷建马市的初衷是为了解决军队马匹不足的问题，后来马市不仅交易马匹，也进行其他物品的交易。蒙古、女真、朝鲜等不光是带马匹来交易，还带来土特产来交易。弘治十二年（1499年）九月，"兵部覆奏，巡按辽东监察御史罗贤所言，广宁、开原、抚顺三马市，每遇夷人，持马、貂诸物来市，被镇守等官及势家纵令头目仆从，减价贱市，十偿三四，夷人受其挫勒，折阅积久，怀怨殊深"。[2]

嘉靖三十九年（1560 年）八月的马市资料记录的贸易物种大致如下："种马、驮骡、驮驴、耕牛、肉猪、生羊、狐皮、鹿皮、獾皮、骆驼、驼绒、松子、蜂蜜、鲜肉、麻、毡、铧、镰刀、斧头、鸡、鹅、鸭、蛋、柴、人参、陈皮、桂皮、枸杞、棉花、

---

1 《明太宗实录》，卷一百五十五，永乐十二年九月，丁酉条。
2 《明孝宗实录》，卷一百五十四，弘治十二年九月，丁丑条。

棉布"等 [1]。

嘉靖三十九（1560 年）年正月，"福余卫，夷人长孛罗等，入开原马市，索赏不遂，夜袭杀哨军，遁出关" [2]。

明朝又成立"木市"，扩大贸易范围。万历二十九年（1601年）十二月，"命开复朵颜各夷马木二市，并复宁前木市。初辽东马市许令海西，并朵颜等三卫夷人买卖开原，每月一次，广宁每月二次，此成化十四年事也。百余年来，互市马货，利在中国，又以互市之税，即卖市夷，且贡夷，詗虏声息，即有大举我得收保预备，其利多矣。万历二十三年，小歹青欲在义州大康堡开木市，听各夷取木顺河运进买卖"。[3] 15 世纪初起，明朝又一次放开禁闭政策，对东北各卫所及女真各部酋长颁发敕书、印信，准其定期朝贡。

朝贡贡品多为马匹、人参、东珠、貂皮及山货、野果等采猎产品。朝廷回赏的物品有银两、缎布、铁铧、耕牛、铁锅等。又设开原、广顺马市，进行贸易。后陆续开放抚顺、清河等地进行互市。交易物品除马匹外，还有粮食、盐、布、农具、皮毛、人参等，应有尽有。因此，满洲人"互市以通商贾，自此国富民殷云"。[4]

嘉靖十九年（1540 年）二月，大学士翟銮上言："臣奉命，巡行九边，见辽东海西夷，室居、田食、建官、置卫颇同中国，而中国待之异等，行有余谷，居有赏赉，势虽羁縻，实成藩屏，

1　辽宁省档案馆存档案：《□□□指挥金事完仁呈报马市抽分与抚赏夷人用银物清册》，嘉靖二十九年八月。引自李三谋：《明代辽东都司卫所的农经活动》，中国边疆史地研究，1996 年 3 月 15 日。

2　《明世宗实录》，卷四百八十，嘉靖三十九年正月，丙戌条。

3　《明神宗实录》，卷三百六十六，万历二十九年十二月，辛未条。

4　《清太祖实录》，卷二，戊子，夏四月条。

故厚夷所以厚中国也"[1]。

明朝建国初开始恢复和建立儒学。洪武十七年（1384年），朝廷在辽东"置辽东都指挥使司儒学，设教授一员，训导四员。金、复、海、盖四州儒学，学正各一员，训导四员，教武官子弟。复命皆立孔子庙，给祭器以供祀事。"[2]洪武二十六年（1393年）二月，辽东开原军士马名广上书提议建立儒学，之后辽东都司或卫开始建立儒学。洪熙年间在沈阳、开原、义州、广宁等卫设立儒学。明朝规定"学校有二：曰国学，曰府、州、县学。府、州、县学，诸生入国学者，乃可得官，不入者不能得也……成化中，定卫学之例：四卫以上军生八十人，三卫以上军生六十人，二卫、一卫军生四十人，有司儒学军生二十人；士官子弟，许入附近儒学，无定额。"[3]辽东25卫中，14个有儒学，即1个都司儒学和13个卫学。明成化年间，辽东进士18人，中举者达33人。明代辽东较有影响的儒学有都司儒学、广宁卫儒学、金州卫儒学、复州卫儒学、盖州卫儒学、海州卫儒学、沈阳中卫儒学、铁岭卫儒学、三万卫儒学、广宁中左卫儒学、义州卫儒学、广宁右屯卫儒学、宁远卫儒学等。还有一些武学、医学堂等。

明朝对辽河流域的开发经营，使这里的农耕文化逐步走上规模化发展的道路，为以后整个东北文化或地域文化的形成奠定了基础。到清朝中晚期时，形成了以农耕文化为主导的兼打猎、游牧文化为一体的具有自己独特风格的东北文化。

清初，上层注重文化建设，努尔哈赤的子女及贵族在私塾里

1　《明世宗实录》，卷二百三十四，嘉靖十九年二月，丁卯条。

2　《明太祖实录》，卷一百六十七，洪武十七年闰十月，辛酉条。

3　《明史》，卷六九，志第四五，第1675页。

学习。自太宗起就已经掌握满、蒙、汉语言文字的使用。

建州女真到太祖努尔哈赤时代专设书房，负责处理日常文字记录、往来信件及外交事宜等。天聪六年（1632年）九月，书房秀才李栖凤奏"臣得侍书房，已几七年"[1]等话，证明天命年间已经有书房。主持书房的人叫做"巴克什"，来自蒙古语 basi，指"老师、师傅、先生"，职责是除了负责文秘工作之外，还参与朝政。天聪三年（1629年），书房改称文馆，天聪十年（1636年）改建内三院（内国史院、内秘书院、内弘文院），有了更详细的分工和责任。这些机构，编纂出清初几部有影响力的书籍。

《旧满洲档》，最初出自太祖时期书房笔帖式的笔录。是由文房、文馆中多名"笔帖式"的日常笔录和有关文书整理而成，其形成情况较为复杂，有原写内容、重抄内容、重写内容；有画圈、涂改等修改、删除的痕迹。撰写人员有库尔缠、希福、达海、尼堪、布尔善、艾巴礼、准泰等多名。按时间顺序进行笔录。内容涉及1607年到1636年，除努尔哈赤的言行外，还记录了八旗渊源、世职缘由、战绩记载、社会习俗、族内纷争等。辑录史事1600余件，约30万字。所以，要正确理解《旧满洲档》每一段内容，每一句都须加以分析和考证。尤其像原写内容、重写内容、重抄内容等这三类内容必须注意，因为这三类记录涉及其原始资料的真实性和对它进行改动的问题。而且，这三类内容在史料价值上明显不同。其中原写内容最为珍贵，这一类内容几乎贯穿整个文档。重写或重抄内容在史料价值上不如原写内容，尤其是重抄内容，大多数以月为一组，很明显已经对原内容做了挑选和整理。

---

1 罗振玉编：《天聪朝臣工奏议》，《清初史料丛刊初编》，辽宁大学历史系，1980年，第23页。

其中，1607—1618 年的内容明显属于追述性质，所以有人说这段内容用的是纪传体。不过从纪传体史书体例的要求来看也不符合，因为这段记述没有对某一事件做完整叙述，只不过是对努尔哈赤一些活动的回忆而已，所以这段内容还是属编年体。

《太祖实录》经过几代皇帝的修订，出现了不同名称、不同文本。最初一部《太祖实录》在皇太极即位十年后（1636 年）写成，但未能流传至今。其内容、格式、体裁、书名到底如何？我们无法亲眼目睹。学者们众说纷纭，各持己见。概括起来有三种看法：一是文字本；二是图画本（每一幅画上只有标题）；三是插图本（文字叙述并配图画或图画兼文字本）。[1] 这是对初纂《太祖实录》众多疑问当中最关键的问题，也对比较后来出现的各本间的异同有直接影响。

崇德元年确切编写了一部满、蒙、汉文字的《实录》，汉文书名为"太祖太后实录"。满洲文书名为"dergi taidzu abkai

---

1　该问题有几种说法。徐丹俍在《〈努儿哈赤实录〉考源》中认为，天聪九年完成的是图画本，无文字内容。天聪九年（1635 年）之"太祖实录图"与崇德元年（1636 年）之《太祖武皇帝实录》应为皇太极时为其父亲纂修实录的同一过程，亦为同一成果。《满洲实录》所据祖本，即所谓"盛京旧本"，就是乾隆朝尚保存在乾清宫内的努儿哈赤实录的最初纂修本——《太祖武皇帝实录》。从两部实录同时告竣来看，应是同一实录馆所为。而最初满、蒙、汉三体文字合璧之插图本《太祖、太后实录》，亦应与《太宗实录》整齐体例而去图、去太后题签之附，改满蒙汉合璧为分膳三部。而今西春秋则认为完成的《太祖实录》是文字兼图画本。另松村润在《清太祖实录研究》中指出：最早完成的《太祖实录》应为《旧满洲档》中所说崇德元年（1636 年）十一月十五日告竣的。

"dergi taidzu, abkai hese be alifi forgon be mukdembuhe, gurun i ten be fukjin ilibuha, ferguwecuke gungge gosin hiyoošungga horonggo enduringge hū wangdi, dergi taiheu gosin hiyoošungga doro de akū mbuha, ginggun ijishūn hū turingga eldengg hū wangheu i yabuha yargiyan kooli"《上太祖承天广运圣德神功肇纪立极仁孝武皇帝、上太后孝昭宪纯德贞顺成天育圣皇后实录》。

hese-be alifi forgon-be mukdembuhe gurun-i ten-be fukjin ilibuha ferguwecuke gungge gosin hiyoošungga horonggo enduringge hūwangdi dergi taiheu gosin hiyoošungga doro-de akūmbuha, ginggun ijishūn hūturingga eldengge enduringge hūwangheu-i yabuha yargiyan kooli"。[1]

那么初纂的《太祖实录》到底是怎样的一部书？是文字本，还是图画本或插图本？先看看与图画有关系的史料记载。

《无点圈文档·天聪九年档》八月八日条："tere inenggi, sure han nenehe genggiyen han-i yabuha kooli bithe-be juwe howajan jang jiyan, jang ing kūi-de niru seme afabuha weile-be nirume wajiha sain seme, jang jiyan-de emu juru niyalma, emu ihan ing kūi-de emu juru niyalma šangnaha."

意为："那天，聪睿皇帝称赞了据先英明汗所行实录完成画图任务的张俭、张应魁，赏赐张俭一对人、一头牛，张应魁一对人。"

《太宗实录》卷二五："天聪九年（1635年）八月乙酉，画匠张俭、张应魁恭绘太祖实录战图成。赏俭人口一户，牛一头；应魁人一户。"

《满洲实录》卷末有乾隆皇帝《敬题重绘太祖实录战图八韵》诗注，云："实录八册，乃国家盛京时旧本，敬贮乾清宫，恐子孙不能尽见，因命依式重绘二本，以一本贮上书房，一本恭送盛京尊藏，传之奕世，以示我大清亿万年子孙，毋忘开创之艰难也。"

《国朝宫史续编》《高宗实录》等均有记载，按这些记录，崇德年间原先完成了一部《实录》。尔后，在天聪九年（1635年）

1　《旧满洲档》，台北故宫博物院影印，1969年，第5229页。

画了一部"nenehe genggiyen han i yabuha kooli（先英明汗实录）"
图画本。这样，在 1632—1636 年间就完成了有关太祖实录有关
文字和图画的两种内容。不是单一图画，也不是单一文字内容。
但怎么处理这些文字内容和图画，并没有提及。尤其是把图画放
在什么地方、有何用处也没有说。

有一份史料，是过去人们研究《太祖实录》时未曾注意的。
这段文字记录了当时满洲上层意识形态状况和生活习俗。

中国第一历史档案馆藏《满文国史院档》卷号 001，册号
2，共 35 页。封面写： "nenehe genggiyen han-i sain kooli[1] uheri
juwan nadan debtelin"（可译为：先英明汗实录全十七卷）。第
2-34 页是《太祖实录》中，从三仙女神话故事到 1594 年的内容。
第 35 页全文依原行次抄写如下：

行原文

（1）aniyai fe yamji booi taibu-de latubure hoošan nirurede:

年的 旧 夜晚 家的 梁 在 贴 纸 将
要画时

（2）ere taibu-de latubure ho[o] an-de gabtaha niyamniyaha
dain-de afaha-be ume

这 梁 在 将要贴 纸 于 射了 马上
射箭了 打仗 于 攻打 把 不

（3）nirure: julgei sain kooli han amban-i yabuha jabšaha
ufaraha babe niru seme

将要画 古代的 好的 典范 汗 大臣 的 做了的
得到的 失去的 地方把 画画 云

---

1 《实录》当时称 "sain kooli" 后来定为 "yargiyan kooli"。

（4）[hendu]he manggi: hūwajase bithe boo-i ambasai jakade jifi

　　说了　　　以后　　　画匠们　　文书　馆　的　大臣们的 旁边　来了

（5）[hen]duhe gisun-be alaha:bithe-i ambasa dahai ujulefi hebedefi di jiyan tu sere:

　　说了的　　　话把　　告诉了 文书 的　大臣们　　大海 带头　　商量　　帝 鉴 图 将说

（6）[han]-i bulekui nirugan-i bithe-be baibi juwete dai sunja hoošan-de baitangga sain

　　汗的　　镜子的　图画的　　　文把　　只是 各二 [部] 大 五 纸 在　　　　有用的　好的

（7）bade nirufi latubuha: han tuwaci ulhirakū nirugan-i fejile bithe ara seme

　　地方在 画了 贴上了　　汗　如果看 不晓得　　图画 的下面　　　文 写 云云

（8）jušen bithe arabuha:

　　诸申 文字 使写了

译文：除夕之夜，在往房栋梁贴纸上画的时候，"房梁贴的画，不要画骑射作战之图，要画古优秀事例，汗、大臣得失行为"，这样说完之后，众画匠来到文房大臣处，将上述语告之。以文馆大臣达海为首商量后，定为帝鉴图。帝所鉴之书中图，找出有益之两部，画于大五张纸之恰好之处并贴好。汗视之，不领其意，嘱咐画之下写其意文。遂写了诸申文。

　　这是一段《清太祖实录》稿本中的内容。这一稿本是到目前为止所发现的《清太祖实录》稿本中最早的一本,编写于顺治年间。有人认为,它就是满文《武皇帝实录》的稿本,稿本中没有画。[1]它所反映内容应该是天聪年间的事。天聪年间满洲上层以"古优秀事例,汗、大臣得失行为画"来宣传、鼓舞增强满洲人志气。努尔哈赤本人常以过去汗、皇帝得失为鉴,警示自己并要求别人。作为努尔哈赤的后代,后金统治者画出一部"实录图"来教育子孙,以鼓舞号召满洲人。所以,《实录》图就是盛京时以《太祖实录》为题材的一部图画本。

初纂《太祖实录》的资料大部分来自于《旧满洲档》。《旧满洲档》(太祖部分)对于《太祖实录》不仅提供资料来源,而且《旧满洲档》中有些内容是专为编写《太祖实录》而形成的。以《旧满洲档》1513—1595页重写内容为例。有几个特点:一是重写内容比原写内容少,如:1623年正月,《旧满洲档》原写内容有33项,而重写内容只有12项。二是所写内容、日期非常清楚整齐。三是所用文字由古文和点圈文字混合而成,那么它大概是1632—1636年间形成。崇德元年完成的《太祖实录》应比现存《太祖实录》内容要多。它不同于后来所有文本《清太祖实录》的内容和格式。所以初纂的《太祖实录》和顺治以后的《太祖实录》的各种修本应有很大的区别。

再者,《旧满洲档》有些内容写有"ara"(要写)"ume ara"(不要写)等字样。而且,带有这些字样的内容不影响它的重写内容,由此断定它是从《旧满洲档》内容中挑选出来的,是为了写《实录》挑选或准备的内容。另有带82幅插图的《太祖实录》——《满洲实录》。有些学者认为,它是

1　[日]松村润:《清太祖实录研究》,《史学杂志》,83卷,12号,1974年。

初纂《太祖实录》或初纂《太祖实录》的修改本。但没有一个可靠证据使我们相信这些说法。几种文本的《清太祖实录》，它不仅是清初重要的历史文献，也是对研究明末清初历史文化不可缺少的资料。

此外，清初还编写了《铁岭县志》《开源县志》《宁远县志》《锦州府志》《盛京通志》（康熙二十二年）和《辽左见闻录》（王一元）《辽载前集》（林本裕）等私人书籍。

2. 满汉蒙文化的相互影响

文字。女真人在建立金王朝后创造女真字，对女真的社会发展作出了重要贡献。经过元朝的统治和明朝的控制，使用该文字的范围逐步缩小，甚至到了被遗忘的边缘。正统九年（1444年），玄城卫指挥撒升哈等奏："臣等四十卫，无识女直字者，乞自后敕文之类第用达达字从之"。明中后期女真人与明朝的文字多用蒙古文字。"……时满洲未有文字，文移往来，必须习蒙古书译蒙古语通之"。

明万历二十七年二月（1599年），努尔哈赤对额尔德尼巴克什（先生）、噶盖扎尔固齐（断事官）说想用蒙古文字编成女真文字，他的想法受到反驳和质疑，并回应他说："我等习蒙古字始知蒙古语。若以我国语编创译书，我等实不能。"努尔哈赤说："汉人念汉字，学与不学者皆知，蒙古之人念蒙古字，学与不学者亦皆知。我国之言，写蒙古之字，则不习蒙古语者不能知矣。何汝等以本国言语编字为难，以习他国之言为易耶"。又回应说："以我国之言编成文字最善，但因翻编成句，吾等不能，故难耳。"努尔哈赤说："写阿字下合一妈字，此非阿妈乎（阿妈，父也），厄字下合一脉字，此非厄脉乎（厄

脉，母也）。吾意决矣，尔等试写可也。"[1]

努尔哈赤下令造出的这种文字称为"老满文"，它是依据中世纪蒙古文字母编出来的。但该文字字母有书写不规范、一个字母表示多音等诸多缺陷。

表示"a""n"音，词首写"ᠠ"、词中写"ᠠ"、词尾写"ᠠ"。如：ᠠᠮᠠᠰᠢ（amasi 后、背），ᠠᠮᠪᠠ amba 大、巨（ᠰᠠᠷᠢᠯᠠᡥᠠ sarilaha 宴）。

表示"n"音时，词首写"ᠨ"、词中写"ᠨ"、词尾写"ᠨ"。如：ᠨᠠᡩᠠᠨ（nadan 七）ᠠᡳᠨᠠᠮᠪᡳ（ainambi 为何）ᡩᠠᡳᠯᠠᠴᡳᠨᠠ（dailacina 战斗）。

"ᠴ、ᠵ"字表示"i""j""c"音。

表示"i"音时在词首写"ᡳ"、词中写"ᠢ"、词尾写"ᠢ"。如：ᡳᠯᠠᠨ（ilan 三）ᡨᡝᡵᡝᠴᡳ（tereci 从此）。

表示"c"音时，词首写"ᠴ"、词中写"ᠴ"、词末写"ᠴ"。如：ᠴᠠᡥᠠᠷ cahar 察哈尔、ᠠᠴᠠᠪᡠᠮᡝ acabume、ᡤᡠᠸᠠᠯᠴᠠ guwalca 瓜尔查。

表示"j"音时，在词首写"ᠵ"，词中写"ᠵ"，词末写"ᠵ"。如：ᠵᠠᠴᡳᠨ jacin 次、ᠰᡠᠨᠵᠠᠴᡳ sunjaci 第五、ᠰᡠᠨᠵᠠ sunja 五。

《ᠣ》字表示"o""u""ū"音。

"o"音，用蒙古文元音"ᠣ"字母，其发音与蒙古语元音第四音相似。在词首写"ᠣ"、词中写"ᠣ"、词尾写"ᠣ"。如：ᠣᠩᡤᠣᠯᠣ onggolo 后、ᠪᠣᠣᡩᡝ boode 家里、ᠣᠪᡳᠮᠪᡳ obimbi 饮。

"u"音，用蒙古文元音"ᡠ"字母，其发音与蒙古语元音第六音相似。在词首写"ᡠ、ᡠ"、词中写"ᡠ"、词尾写"ᡠ"。如：ᡠᠯᠠ ula 乌拉的 ᡠᡴᠰᡳᠨ uksin 甲 gurun ᡤᡠᡵᡠᠨ 国 baturu ᠪᠠᡨᡠᡵᡠ 英雄。

"ᡴ"字表示"k""g""h"音。

表示"k"音时在词首写"ᡴ"、词中写"ᡴ"、词末写"ᡴ"。

---

1 《满洲实录》，卷三，正月条，第110页。

kederehe 巡查、 koken 人名。

"g"音时，在词首写" "、词中写" "、词末写" "。如： gaiha 取 sargan 女、 batangga 有仇的。

表示"h"音时，用蒙古文辅音字母" "。在词首写" "、词中写" "、词末写" "。如：haha 男孩、 cooha 军、兵、 ihan。

" "字表示"b""p"音。

表示"b"音时" "。在词首写" "、词中写" "、词末写" "。如： baturu 英雄、 amba 大、 dabahan 岭。

表示"p"音时如： pungdan、 peise 牌 子、ping lubooi 平房堡、 poo 枪。

" "字表示"s""š"音。

如： sahaliya 白、 susai 五 十、 fujisa 福晋们。 šangnaha 赏给、 šanggiyan 辛、 ubšame 叛、翻。

" 、 "字表示"t""d"音。

表示"t"音时，在词首写" "，词中写" "，词末写" "如：tatan 部。

表示"d"音时，在词首写" "，词中写" "，词末写" "。如： dahabufi 归降、 nadan、 buda 饭。

天聪六年（1632），"达海治国书，补额尔德尼、噶盖所未备，增为十二字头。"[1]。"十二字头"，基本包含了满文中的元音、辅音、特定字母，以及其他音节。

其次，在字旁加圈点。例如，满语"aha"（ ）为"奴隶"，

1 《清史稿》，卷二百二十八，列传十五，第 9257 页。

而"aga"（ ）则为"雨"。老满文中这两个字 " "，既可看成"奴隶"，也可以看成"雨"，极易混淆。达海把"奴隶"字旁加圈，确定该字仅为"奴隶"，而在这个字旁加个点，便确定为"雨"。于是，"奴隶"和"雨"便区别开来。

第三，固定字形，使之规范化。

第四，确定音义，改进字母发音，固定文字含义。

第五，创制了 10 个专为拼写外来语的特定字母，以拼写人名、地名等。如：将汉文"z""c""s"音完全分别出来。

达海改造后的文字，称为"新满文"。

在清代满文得到了进一步的发展，除了能完整表达满语中所有的音外，还能表达汉文中"z""c""s""zhi""chi""shi"等音，而且书写更规范，语法更科学。

满文的发展也推动了蒙古文字的发展。清代蒙古文完全摆脱中世纪字母中一字母表达多音的弊端，变成一个字母表达一个音的完整的文字。语法、书写体例得到规范，奠定了向现代蒙古语方向发展的基础。

音乐及娱乐。自古以来北方民族就有自己独特的音乐、舞蹈，及相关娱乐活动。匈奴人除有汉朝赐予的筝、瑟[1]外有"胡笳"[2]（今称胡笳朝尔或冒顿朝尔）等乐器，还有摔跤等娱乐活动。[3]辽、金、元时音乐及娱乐更是丰富。1991 年，内蒙古敖汉旗克力代乡喇嘛沟发现的一处辽代墓壁画，画有一幅乐器，马头琴的前身——"绰尔"（oor），这说明马头琴在辽代已经盛行。这些都有力的证明

1　班固：《后汉书》，卷八十九，列传第七十九，第 2947 页。

2　班固：《后汉书》，卷八十四，列传第七十四，第 2803 页。

3　中国科学院考古研究所编著：《沣西发觉报告》，文物出版社，1963 年 3 月。

了北方文化的代代传承及相互影响。

清朝开国皇帝努尔哈赤每当迎接新年、外宾、祭祀、战争胜利等重大活动时就用音乐和歌舞来祝贺。如：1594 年正月初一，宴请朝鲜使者申忠一来建州，"宴时，厅外吹打，厅内弹琵琶，吹洞箫，爬柳箕，余皆环立，拍手唱曲，以助酒兴。"[1] 新年初或大型活动"设大筵宴之席间招汉人戏子演出百戏。"[2]

随着蒙古各部的投靠，蒙古的音乐、娱乐在满洲社会中渗透得越来越深。

天聪三年己巳（1629 年）闰四月，"丁丑，大宴科尔沁国大妃，备陈满洲、蒙古、汉人、朝鲜四国乐舞"。后"太宗平察哈尔，获其乐，列于宴乐，是为《蒙古乐曲》"。[3] 清朝定都北京，宫廷专设宫廷音乐。据《大清会典》记载，清宫廷音乐中列有"蒙古乐曲""朝鲜国俳乐""瓦尔喀部乐""回部乐""番子乐""廓尔喀部乐""越南国乐""缅甸国乐"。"蒙古乐曲"分《笳吹》和《番部合奏》两部。

《笳吹》有：

1. 牧马歌 2. 告歌 3. 如意宝 4. 佳兆 5. 诚感辞 6. 吉庆篇 7. 肖者吟 8. 君马黄 9. 懿德吟 10. 善哉行 11. 乐土谣 12. 踏摇娘 13. 颂祷辞 14. 慢歌 15. 唐公主 16. 丹诚曲 17. 明光曲 18. 吉祥师 19. 圣明时 20. 微言 21. 际嘉平 22. 善政歌 23. 长命辞 24. 窈窕娘 25. 湛露 26. 四贤吟 27. 贺圣朝 28. 英流

1 清初史料丛刊第十、十一种：《建州纪程图记校注》，辽宁大学历史系，1979 年，第 19 页。

2 中国第一历史档案馆、中国社会科学院历史研究所：《满文老档》，中华书局，1990 年，第 342 页。

3 《清史稿》，卷一百一，志第七十六，第 3000 页。

行 29. 坚固子 30. 月圆 31. 缓歌 32. 至纯辞 33. 美封君 34. 少年行 35. 四天王吟 36. 宛转辞 37. 铁骊 38. 木槵珠 39. 好合曲 40. 童阜 41. 天马吟 42. 大龙马吟 43. 始条理 44. 追风赭马 45. 回波辞 46. 长豫 47. 平调 48. 游子吟 49. 平调曲 50. 高士吟 51. 哉生明 52. 高哉行 53. 三章 54. 圆音 55. 栏杆 56. 思哉行 57. 法座引 58. 接引辞 59. 化导辞 60. 七宝鞍 61. 短歌 62. 夕照 63. 归国谣 64. 僧宝吟 65. 婆罗门外 66. 三部落 67. 五部落。

《番部合奏》有：

1. 大合曲 2. 染丝曲 3. 公莫 4. 雅政辞 5. 凤凰鸣 6. 乘驿使 7. 兔宜 8. 西鲽曲 9. 政治辞 10. 千秋辞 11. 鸿鹄辞 12. 庆君侯 13. 庆夫人 14. 羡江南 15. 救度辞 16. 大蕃曲 17. 救盛辞 18. 兴盛辞 19. 艳冶曲 20. 庆圣师 21. 白鹿辞 22. 合欢曲 23. 白驼歌 24. 流莺曲 25. 君侯辞 26. 夫人辞 27. 贤士辞 28. 舞辞 29. 发鼓曲 30. 调和曲。除每部歌曲的歌词、曲谱有详细记录外，所用乐器也有严格的要求。20 世纪 70 年代，在内蒙古赤峰市阿鲁科尔沁旗境内根匹庙发现了《笳吹》中的十四份曲谱。[1]

摔跤。摔跤是自古以来北方民族集健身、格斗、娱乐于一身的活动。成吉思汗之弟别里古台是摔跤高手，当年抗衡成吉思汗统一大业的蒙古主儿勤部号称"国之力士"的不里孛阔被他除掉。清初满蒙关系亲密，往来日益频繁，摔跤活动开始进入满族社会生活中，成为各阶层娱乐活动中不可缺少的内容，同时也是比较力气、技巧，选拔硬汉的一种手段。

天聪六年壬申（1632 年）正月，"丁巳，先是三洼地方会盟时，特木德赫与杜尔麻角觚，特木德赫为杜尔麻所仆。门都又尝与杜

---

1 内部资料：《根丕庙佛教文化资料》（蒙古文）（一），2002 年，第 182 页。

尔麻角觝于殿前，杜尔麻为门都所仆。上嘉三人力，各赐以号。赏门都豹裘一（件），赐号阿尔萨兰土谢图布库。杜尔麻虎裘一（件），赐号詹布库。特木德赫虎裘一（件），大刀一（口），缎一（匹），赐号巴尔巴图鲁布库。三人皆蒙古人，膂力绝伦，善角觝。门都状貌雄伟，时近御为侍卫，特木德赫身长七尺，杜尔麻貌不逾中材而精悍实过人云。"[1]

天聪六年，"上至演武亭，率诸王贝勒、群臣行拜天礼毕升御座，诺木齐乌巴什等率部众朝见，行礼毕，设乐舞，大宴，令诺木齐等较射，又令侍卫大臣等较射，选力士为角抵之戏。"[2]

清朝每位皇帝都推崇尚武精神，他们被神化和美化后，变为文武双全，智慧和体魄都过人的圣人。

康熙皇帝自小起习武，17岁时亲自制服专横跋扈的鳌拜。乾隆皇帝喜欢摔跤，"选八旗勇士之精练者，为角抵之戏，名善扑营，凡大燕享皆呈其伎。或与外藩部角抵者争较优劣，胜者赐茶缯以旌之。纯皇最喜其伎，其中最著名者为大五格、海秀，皆上所能呼名氏。"[3]

清朝专设"善扑营……本营掌选八旗勇士习角抵技，扈从则备宿卫。"[4]

皇帝或大臣随从中不少是八旗里选出来的"勇士"，他们个个都聪明伶俐，也是格斗、摔跤高手。

1　《清太宗实录》，卷十一，天聪六年正月，丁巳条。
2　［清］张廷玉，等撰：《皇朝文献通考》，卷一百五十五，乐考一，见《四库全书》本。
3　［清］昭梿撰：《啸亭杂录》，啸亭杂录续录卷一，善扑营，中华书局，2010年，第395页。
4　《清史稿》，卷一百十七，志第九十二，第3380页。

在明清之际，在辽河流域甚至整个东北，满、蒙、汉文化交融超过了以往任何一个朝代，在语言文字、饮食结构、生活习俗等方面都受到了相互的影响。

3.独特的辽河流域文化

辽河流域曾经是鲜卑、乌桓、契丹、女真、蒙古、满、汉等多个民族繁衍生息，世代相传的沃土。尤其在明朝经营的二百多年，清朝二百年的大统一下，使这里的满、蒙、汉各族文化得到了进一步的发展。经过长期的交往交流交融，形成了独特的地域文化。

萨满文化。萨满一词源自西伯利亚满洲—通古斯族语的saman，经由俄语而成英语之"shaman"指从事萨满技术的萨满师。在通古斯族语的"saman"一字中，"sa"意指"知道"（to know），"saman"按文字表面意义来说就是"知者"（he who knows），意谓萨满教是一种获得知识的方式。另一部分学者认为"萨满"来自梵语的"sramana"（沙门），并可能是通过汉语被借入通古斯语言中。萨满文化是古老的宗教文化，现知的最古老的萨满教原始遗址在辽河流域中游一带，今辽宁省建平县牛河梁。这里出土了我国北方（或东北）最早的宗教祭祀遗址及女神像。秦汉时期，乌桓人信奉萨满教。隋唐时期，突厥（高车）人信奉萨满教。它们每遇地震，便呼叫射天，离开此地，待来年再由"女巫"主持祭祀，回到原地。明代女真人及东北蒙古诸部都信奉萨满教。如今生活在辽河流域的科尔沁部的蒙古人中仍然有萨满文化的痕迹。

佛教。明后期蒙古右翼土默特俺答汗接纳了佛教，之后向东发展到辽河流域。蒙古图门汗（1558—1592年）时就已经接触佛教，信奉佛教。据记载，"丙子年三十八岁时拜见了系结大刀的噶儿麻喇嘛，皈依佛门"[1]。今辽河中游一带的内蒙古赤峰市敖汉旗玛尼罕乡有一座古塔。塔之上下两处，各镶有一块石碑。石碑刻有文字，碑文有的可以认读。内容为：明末察哈尔万户敖汉部首领们，为百姓安乐，祝愿佛教事业兴旺发达，歌颂布延彻辰汗、林丹汗二位可汗政教事业日益兴旺而修塔立碑。对此，学者也进行过研究。[2]上碑文为汉字和蒙文字合并而写。

右边汉字为：

（1）□万寿白塔

（2）□元黄太吉保命

（3）□把都儿都冷曰（甲）

（4）□兵兔云督器［打］

（5）□［庚］子二十八年秋八月

（6）命齐慎憨□□

（7）大明万历岁。

左边蒙古字为：

（1）Oom suwasdi

（2）sid-m

（3）tengsel ü gei

（4）qurban čaγ-un

---

1 乌兰：《蒙古源流》研究，辽宁民族出版社，2000年1月，第360页。

2 邵国田：《元宁昌路佛塔发现明碑刻》，《赤峰日报》，1989年12月23日，汉文版。

占·达木林斯荣：《五十家子古塔上明碑刻考》，《赤峰日报》，1990年2月17日，汉文版。鲍音：《万寿白塔北元"帝彻辰汗碑刻"笺证》，《内蒙古社会科学》，2004年2期。

（5）bur qan-u qubiɣan

（6）sečen qaqan-u tus

（7）-tu daičing bing

（8）-tu ild ü či darqan

（9）d ü reng tai i

（10）amin nasun-a tula

（11）-da naiman taltu

（12）arban qurban al

（13）ta suburqan qulu

（14）qonin il- ü n dolo

（15）qan sarain arban

（16）nigen dur bosqaba……

（17）-ba rgel ü ng

（18）……ečige lam-a

（19）iruqai bičig……

（20）……lam-a nom sudur-

（21）i ilgebe t ü men

（22）nasutu čaqan subu

（23）-rqan-i t ü siyet ü

（24）ü ieng darqan bas

（25）-a k ü čiyen ü g

（26）-be

（27）……

（28）……

（29）qurban yoson

（30）burqan – du laminar šaril

（31）ü gbe yeke engke amuqulang

（32）……ilutu–bar yeke

（33）kemen engke amuqulang–tu

（34）nutuγ bolqu

（35）atuqai

（汉译）

（1）愿吉

（2）祥!

（3）（为）万物主

（4）三时

（5）佛祖

（6）为彻辰汗

（7）（为）岱青兵

（8）兔云都齐达尔罕 []

（9）杜棱台吉

（10）延年长寿

（11）（所建）八角

（12）十三节

（13）塔子

（14）在羊年七

（15）月十三日

（16）立了……

（17）格鲁……

（18）额其格喇嘛……

（19）易经书

（20）喇嘛经

（21）派来万

（22）寿塔

（23）图锡叶图

（24）伟正达日罕

（25）给了力

（26）了……

（27）……

（28）……

（29）三规

（30）佛祖诸喇嘛舍利

（31）给予了

（32）年里大太平

（33）太平

（34）家乡

（35）成为

上碑中的蒙汉文字（□和[]为难读的文字）脱落得比较严重，因此很难连贯地认读或正确理解所记录的内容。但对两种文字内容进行比较和分析后有些收获。

汉文"元黄太吉""齐慎憨"与蒙文出现的"sečen qaqan"（彻辰汗）对应，指图门汗长子布延彻辰汗（1555—1603 年），1593 年继汗位。汉文中"［庚］子二十八年秋八月"指汉字刻完的时间为 1600 年；蒙文"羊年七月十三日"，应该是"丁未年"（1595 年），那时北元"齐慎憨"在世。

"把都儿都冷"，与蒙古文"t ü reng taii"（杜棱台吉）对应，指敖汉部首领。

　　蒙古文的"daičing"（岱青）名字汉文未出现。据蒙古文献记载,清初敖汉部有"杜棱""斯琴照日格图""洪巴图鲁"等三个大人物[1]与后金建立关系。因此,该碑文出现的"把都儿都冷""t ü reng taii"（杜棱台吉）"daičing"（岱青）是当时敖汉首领"岱青杜棱"。

　　"兵兔云督器"，与蒙古文"bingt ü ild ü či"（兵兔云督器）对应,是也密力（纳密克,博迪汗弟）长子瑷塔必的第十子公拱兔的长子。文献记载,"以儿度赤""银定"等。脑毛大黄台吉统领阿速特部,弟拱兔统领多罗特部。多罗特部1628年被清军打败。

　　该塔的下碑文比上碑文更清楚一些,除了落款写"万历三十一岁次吉旦日立"等汉字外,全为蒙古文,文字较清晰,内容较全面。文字自左向右写:

　　（1）Oom suwasdi sidii nasu

　　（2）qaotog nemek ü boltuɣai.Hutug– t ü

　　（3）qaɣan – nu tustu. Darqan nangsu lama

　　（4）d ü g ü reng daičing qoyar u ra

　　（5）lduba.uridu t ü r ü l–tu qoyar

　　（6）čiɣulɣan–i saitoor quriyagsan hoto

　　（7）la tegusugsen sain duradhui– t ü –{ yin }

　　（8）kč ü n –i čogčolagsan bogda { wačirbani }

　　（9）qobilɣan during daičing taii

<hr>

　　1　李保文:《十七世纪蒙古文文书档案》,内蒙古少儿出版社,1997年,第13页。

（10）{ eke } dalai budisung qatun inu sain

（11）[]budisung sugma sereng qoyar

（12）{ iči } dɒri imiho čaγan dara

（13）{ badmi } radna d ü rben abaqai

（14）daiyao in qaγan-eče d ü rben soborγa kqamqan []

（15）irej ü t ü men ulus-un k ü č ü ber radna delger

（16）ubasi sirimiri ubasi qoyar eyern γurban

（17）jaγun k ü m ü n-i akirγa amitan-i

（18）b ü t ü ge-in tula naiman talatu altan

（19）soboγa baiγulbai. qaan

（20）aisang-ud emt ü n ü k ü r samotai b ü g ü deger k ü č ü

（21）ban ü gl ü lčebei.[] kitad []

（22）[]batu moang tiang siang marail

（23）{ ü } sifu waang tosolalčbei

（24）qamug amitan-nu ebedčin ada

（25）todqar – anu engke amu

（26）γulang irγaquu boltuγai.

（27）nasu qaotog nemek ü boltu γ ai

（28）万历三十一岁 次吉旦日 立

（译文）

（1）愿吉祥！

（2）愿为延年长寿，为克图克汗的（事业）

（3）达尔汉囊苏喇嘛和

（4）杜棱岱青二位遇

（5）见了，前世 { 因 }

（6）汇集了"二资粮"

（7）圆满了一切，

（8）积德无量，{金刚}

（9）神般的杜棱台吉

（10）菩提般的{母}达赖

（11）[]菩提苏格玛、色仁二位

（12）{台吉}及道尔吉、伊米胡、

（13）{巴德玛}、拉特纳四公主

（14）大翊钧皇帝派来四名筑塔人

（15）万众力量及拉特纳德力格尔

（16）吴巴塞、西里米里吴巴塞二位

（17）指挥了三百人{为}

（18）创造万物生灵

（19）建起了八角金塔。汗、

（20）斋桑等高贵人

（21）都出力了，[]来自汉地大都的

（22）[]木匠、铁匠、石匠们给力了

（23）师傅、瓦匠们来协助了！

（24）愿一切生灵的病魔

（25）阻扰消失吧

（26）愿吉祥！

（27）愿延年长寿！

万历三十一岁　次吉旦日　立

一、该文是明万历三十一年（1603年）为林丹克图汗（1592—1634年）继位时祝福他政教事业顺利进行而撰写（[]为难认读的

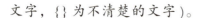

文字，{ }为不清楚的文字)。

二、敖汉部是明末蒙古六万户左翼万户或核心万户察哈尔万户的八个鄂托克之一。明嘉靖年间南迁后，敖汉部在"直义州西北边五百里而牧"，义州今在辽宁义县一带。奈曼部在其西，"直戚家路大定、大茂等堡四百里而牧"[1]。达延汗孙博迪汗弟也密力（纳密克）孙秃章都喇儿和额森伟占（父为贝玛土谢图）分别统领敖汉、奈曼二鄂托克。纳密克子岱青杜棱在明万历到天启（天命年）年间统领敖汉部。

三、这里提到的囊素喇嘛，是明末在辽河流域传教和社会活动的西藏喇嘛。天命七年（1622年）十月，传教到蒙古科尔沁地方。后因当时战争和社会动乱等原因，投奔后金国，努尔哈赤接纳他并安置他在辽阳安度晚年。

四、"二资粮"佛教术语，指"智德资粮"和"福德资粮"。

五、"大翙钧皇帝"指明万历皇帝。本次筑塔工程得到明朝朝廷的大力支持，明万历皇帝派来筑塔师、木匠、铁匠、石匠及先生、瓦匠等。

五、在筑塔时敖汉部岱青及其母亲和四位公主都支持了该工程。另有劳工三百人及二位部管理者参与建造工作部。

六、"sifu"来自汉文"师傅"一词，明末满文和蒙古文中指"先生"。这里指风水先生。

明末辽河流域进入大变革时期，五部喀尔喀及察哈尔部中多部移居他乡或被编入八旗当中，唯独敖汉和奈曼大体都保留了明末以来的驻牧地。在辽河地域文化自游牧文化向定居文化的变迁

1　张鼐：《辽夷略》，《明代蒙古汉籍史料汇编》，第二辑，内蒙古大学出版社，2000年，第483页。

中起到先行者范例。这是蒙古大汗自漠北越过大兴安岭后的最后定居点，过辽河后北行大致有四、五百里地方上建立了定居点。

明末清初，来自西域的佛教僧侣们在当时政治、社会动荡中利用宗教影响保持中立，并为后来清代东蒙地区佛教的发展奠定了基础。

《内齐托音传》记载："那些巫师们便说道：将来，一旦他来，我们就会失去立足之地，按照喇嘛的旨意，纷纷派遣各自属下的使臣，配合喇嘛的徒弟，每人偕僧侣一人，乘马分赴各地，他们走遍所有的诺颜。官员与平民家里，命令道：把翁滚给我们交出来……从四面八方将翁滚送到喇嘛宅邸外，堆起足有四片哈纳的蒙古包那么大一堆，用火烧掉了"。[1]在清太宗朝时，崇德八年（1643年）十月，西域图白忒部落达赖喇嘛遣伊拉古克三胡土克图、戴青绰尔济等至盛京，清朝与藏传佛教上层建立关系。清官方接受佛教，也大力推行宗教政策。清朝迁都北京后，顺治、康熙朝与青藏地区的佛教关系更密切，推行或支持蒙古地区的佛教事业。不过居住在辽河中游地区的科尔沁蒙古人中信奉萨满教的氛围依然较浓厚。

东北大秧歌。起源于农业劳动，是南方劳动人民插秧所唱的劳动小曲。胶州在唐宋时期是北方最大的港口。唐宋时期曾是全国五大商埠之一，长江以北唯一的通商口岸，素有"金胶州"之美称。北宋时期作为北方唯一设置市舶司的码头，与江南有着密切的联系。"胶州秧歌应该是引进江南地方曲调，吸收了北方杂剧的精华，形成的新的艺术形式"[2]，随着与南方商业贸易的往来，

1　辽宁省民族研究所：《内齐托音传》，满族研究资料，1984年。

2　陈旸：《东北民族民间音乐与东北文化》，文艺争鸣，2009年2期。

南方的文化艺术如秧歌等劳动小曲也随之传至北方。山东胶州与辽东隔海相望，水路往来很方便，明初建立辽东都司行政上附属于山东布政司，山东等内地文化直接影响着辽东的文化，出现东北大秧歌。

二人转艺术。旧时称为蹦蹦戏、秧歌、小落子等。1952年国家正式定名为"二人转艺术"。该艺术盛行于东北三省，距今约有三百多年历史。不管它起源于或来源于哪种艺术，它都是东北民间艺术。它是一种有唱、载歌载舞、生动活泼的走唱类曲艺形式。[1]

安代舞。被称为蒙古族舞蹈活化石的"安代舞"是由萨满舞蹈演绎过来的。萨满教是一种原始宗教，流传于中国东北到西北边疆地区操阿尔泰语系满—通古斯语族、蒙古语族、突厥语族的许多民族中，鄂伦春族、鄂温克族、赫哲族和达斡尔族到20世纪50年代初尚保存该教的信仰。萨满为人治病，老萨满教新萨满，祭神仪式时跳舞、唱歌并结合鼓、铃等各种法器等进行。清代科尔沁部落虽开始信奉佛教，但在广大民众当中萨满教还有一定影响力，医疗、歌舞等方面体现更明显。在民间传说中"安代"最初是来医治青年妇女，治疗心理障碍疾病。

1966年，库伦旗被国家文化部（今国家文化和旅游部）命名为"中国安代艺术之乡"。如今库伦旗男女老少皆会跳安代舞，跳安代舞成为健身娱乐的特色活动，并多次举办安代舞活动或参

---

1 刘丽：《东北二人转的历史渊源及演艺风格初探》，内蒙古艺术学院学报，2008年1期。

加国内国际大型艺术活动[1]。

乌力格尔。说书、说唱、述唱艺术，是蒙古族艺术的精粹。它的原型为蒙古族古老的艺术"陶力"（tuuli）——"史诗"或"英雄史诗"演绎而来，内容为民间传说或歌颂英雄功绩的长篇叙事诗，与北方文化有着千丝万缕的关系。如今中国有享誉世界的《格萨尔》《江格尔》《玛纳斯》三大英雄史诗，其中《格萨尔》《江格尔》在蒙古族中广泛流传，家喻户晓。以东北辽河流域科尔沁为主的蒙古族说唱艺术——"乌力格尔"和"好来宝"更有特色和魅力，有很大的感染力。"乌力格尔"为说书、讲故事的意思，"好来宝"直译意为"联韵"的意思，两种艺术在说唱内容和形式上不同。从"乌力格尔"的特点来看它是以说唱古今人物、事件为主，表演形式上采取单人说唱，有四胡伴奏和无伴奏的形式进行。在说唱内容吸收了大量汉族评书内容。如比较典型的有：《封神榜》《隋唐演义》《三国演义》《水浒传》等。"好来宝"则多以赞美或祝福为内容，多用在婚庆、祝寿等喜庆场合，常常反映老百姓日常生产、生活。好来宝音乐变化多端，节奏轻快活泼，唱词朴实优美，语言形象动人，为祝词与赞词为主的曲艺。以四胡伴奏，有三种表现方法：单口好来宝，对口好来宝，群口好来宝等。这种表演形式，内容可以因事而异，随时调整，随地可以演出。两种表演艺术在辽河流域百姓中深深扎根，深受百姓的爱戴，有很强的感染力。

1　1959 年库伦旗白音花草原上举办过一次安代舞会，方圆数十里，男女老少千人到场起舞。1960 年库伦旗在广场上举办安代舞，有五百人的队伍进行表演。1989 年哲里木盟歌舞团参加全国第二届艺术节，在天安门广场演出大型舞蹈《安代》。1993 年哲里木盟民间艺术代表团代表内蒙古自治区赴沈阳市参加国际秧歌节（民间舞艺术节）。1997 年哲里木盟歌舞团的任淑华等同志编创的《舞安风情》作为内蒙古自治区成立五十周年的献礼搬上舞台。1998 年在北京著名舞蹈家、艺术家专题召开《舞安风情》的研讨会。

科尔沁民歌。在辽河流域或东蒙古较为典型的蒙古族歌曲就是"科尔沁民歌"。歌唱风格上与高原地区"蒙古长调"和西部地区的欢快悠扬的"鄂尔多斯民歌"有别。有独特的演唱方法和丰富的内容，主要以抒情曲为主。当中不少是反映了农耕文化内容的歌曲。比如在内蒙古东部广为流传的民歌"嫩吉雅"是典型的辽河流域受农耕文化影响的蒙古歌曲。歌曲反映了受农耕文化熏陶的少女远嫁到北方游牧地区后，怀念家乡的生活、思念远方亲人。"嘎达梅林"是怀念为保护蒙古牧民土地而抗拒封建军阀、王公欺压而献出生命的英雄人物的歌曲。此外，有反封建、反宗教、反官僚的歌曲，也有赞美生产、生活、大自然的歌曲。

饮食文化。今日包括辽河流域，辽宁、吉林、黑龙江三省和内蒙古东部广大地区在历史长河的交流和交融中形成一个文化圈——东北文化圈。它又具有明显的超时代、地域、民族的特点。

明以来进驻辽河流域的满、蒙古人的饮食除了有自己的传统文化以外，受到汉族饮食文化的影响也较多。当中山东饮食文化特点更突出。俗称鲁菜的山东菜属中国八大菜系中的一种。山东特有的地理环境和人文历史造就了这一名菜系。山东产小麦、玉米、高粱、谷子、大豆、甘薯等。胶州大白菜、章丘大葱、苍山白皮大蒜、莱芜生姜、潍坊青萝卜等中外驰名。"济南菜的特点是选料精细，活料鲜烹饪、爆、炒、烧、炸、扒并用，五味兼具，多用酱油、大葱、风味突出咸鲜，葱香；胶东菜的特点是烹调技法多运用蒸、煮、炸、溜、氽等，善用食盐、姜汁、食醋调味，口味清淡，风味注重清鲜原味。"[1]这种饮食文化在辽河流域各

1 姜财辉，何佳梅：《论山东饮食文化资源的旅游开发》，辽宁教育行政学院报，2006年3月。

族当中普及相当广泛。

肉食为主，应当说是东北民众在数千年甚至更长久历史上的饮食生活基本特点之一。这里的满族、蒙古族、达斡尔族、鄂伦春族、鄂温克族、锡伯族、赫哲族的肉食主要来自牛、羊、马、骆驼、猪、鹅、鸭、鸡、野鸡、野兔、鱼。这种生活，即便到现在的草地牧点及黑龙江、乌苏里江边的那些少数民族的食物结构也基本如此。五谷作为副食，是肉食为主的伴存特点。东北地区很早就有谷物种植业，在目前已经发掘和发现的史前文化遗址中，辽宁沈阳市新乐遗址、赤峰市敖汉旗境内的兴隆洼文化遗址，自新石器时代早期氏族公社聚落遗址，发现了原始农业的发达景象。值得注意的是，内地尤其是黄河流域所有的谷物品种，东北地区几乎都有，是名副其实的"五谷杂粮"齐全。这使得人们的食物种类更加丰富，营养结构更加合理。东北人的体质健硕与这种饮食文化及结构分不开。

在东北，百姓饮食中菽类或豆制品比重较大，这是该地区饮食文化中不能忽略的特点。自古以来松辽平原适合种植菽类，百姓很早就种植该农作物，成为传统食物原料。菽类有大豆、小豆、绿豆、豌豆、蚕豆、豇豆、扁豆、芸豆、刀豆、菜豆等20余个品种，既可烧饭、煮粥、裹蒸为主食，也可作为菜肴副食。同时，大豆还可以制酱、酱油、豆腐、豆芽、豆浆各种成品。东北人爱吃大酱，一年四季每顿饭菜里大酱不能少。

东北满族的日常主食以面食为主，品种多样，具有酸、酥、粘、凉的特点。使用的原料主要有麦、玉米、高粱、粟、糜等。做成饽饽、打糕等。豆面饽饽（满语为萨其玛，亦称豆面卷）、苏子叶饽饽、椴树叶饽饽、搓条饽饽、牛舌饽饽、哎吉格饽饽、酸饽饽、马蹄酥、小酥合、肉末烧饼、豌豆黄、菠萝叶饼。此外还有芙蓉糕、绿豆糕、五花糕、卷切糕、凉糕、风糕、打糕、散糕（发糕）、淋浆糕、豆渣糕、炸糕等。

满族的小吃种类多，有小米饭、高粱米饭、黄米饭、稗子饭、苞米碴子饭、小肉饭、豌豆粥、小米粥、苞米碴子粥。

《双城县志》有写实记载，"满族最普遍之食料为粟米，俗呼'小米'，末去皮者，名'谷子'。……入釜多饭。炊时将米淘净，投釜内滚水中煮熟，用笊篱捞入盆内，再置釜中炖好，或入釜干热之，……是名干饭。……次则为稷米，亦曰秫米，俗呼'高粱米'。玉蜀黍子，俗呼'苞米查子'。其炊法与粟米同，而玉蜀黍米则多以为粥。"[1] 如今这类饭广泛普及在东北及辽河流域科尔沁百姓饮食中。科尔沁人把它称作"干饭"，喜爱吃"干饭蘸酱大葱"。此外，沿着辽河流域居住的科尔沁、土默特、蒙古贞、敖汉、奈曼等部蒙古人受汉族的饮食文化影响，在饮食结构和内容、形式上有自己的特点。如：土默特、蒙古贞一带的"馅饼"，以肉馅为主，也有菜肉混合馅的，皮薄、味香。甚至夸张地说"蒙古贞的馅饼透彻得能透过读报纸"。科尔沁库伦旗产荞麦，常吃"库伦饸饹"能延年长寿。

蒙古族日常食品主要以奶制品为主。奶制品的品种很多，有奶豆腐、干奶皮子、鲜奶、酸奶、发酵奶、黄油、黄油渣、羊奶、羊奶鲜豆腐、羊奶干豆腐，马奶、马奶酒、酸马奶。粮食类有炒米或蒙古米子、炒谷子、炒面等。

由于无霜期短，人们吃地产蔬菜的时间只有 6 个月左右（南

---

1 中国 方志书·东北地方·第三三号，据民国·高文垣修，张曛铭纂民国十五年铅印本影印《吉林省双城县志》礼俗志 衣食住，成文出版社有限公司印行。

北跨度大，因此差异也很大）。为解决漫长冬季对蔬菜的需要，东北人，尤其是下层社会广大民众，都要在夏季里蔬菜品种多、数量多又价格低廉的时候大量晾制干菜（品种可多达10余种）。入秋之时则要大量窖藏白菜、萝卜、马铃薯等越冬蔬菜。同时要大量渍酸菜、腌制品种丰富的各种咸菜。这是历史传统，也是直到今天仍在广大农村保留着的风俗。如今这一习俗已经成为辽河流域汉、满、蒙古等多个民族冬季储存必不少可的方法。

漫长的寒冷冬季，给人们的饮食生活带来了许多困难，但也因此决定了特异的文化风格。严冬是大自然赐予的得天独厚的大冷库，可以无限量、无代价地储存各种食品和原料。肉类可以埋在雪下或淋水挂上冰衣长久保鲜，蔬菜也可以埋在雪下保鲜保色。可以制成冻豆腐、冻奶、冻干粮（馒头、豆包、饺子、年糕）、冻水果。至于红果蘸上冰糖的神奇食品"冰糖葫芦"更是东北进入冬季里的风俗美食。冷冻的肉可以很便利地切成极薄的片和极细的丝。冻鱼的味道更美，也更便于加工烹制。

干菜。干菜也是东北百姓一种储存和加工蔬菜的办法。夏秋之季，东北人家家户户把白菜、豆角、茄子、辣椒、芹菜等各种蔬菜直接在放置阳光下或阴凉通风地，使不同类蔬菜的营养不受损坏，备冬春季食用。

地域文化是本地区各民族广大群众共同劳动的硕果和智慧的结晶，我们只有珍惜这些文化，保护和发扬它，才能保证各民族大团结，民族大家庭才能健康地发展，我们的子孙后代才能和谐幸福，代代相传。

后 记

　　明清时期是我国统一多民族国家的巩固与发展时期，各族人民之间的经济、文化联系加强，边疆地区得到开发，我国统一多民族国家进一步得到巩固，基本奠定了今天的民族格局。本书共计三编，上编、中编由阚凯执笔撰写，下编由敖拉执笔撰写，最终由阚凯负责统稿。感谢赤峰学院、赤峰学院历史文化学院各位同仁的支持，由于作者水平有限，错误难免，恳请各位专家同仁指正赐教。